改变世界

U0615036

马可尼

松鹰 著

童趣出版有限公司编　人民邮电出版社出版

北　京

图书在版编目（ＣＩＰ）数据

改变世界的巨人马可尼 / 松鹰著；童趣出版有限公司编. -- 北京：人民邮电出版社，2021.8
　ISBN 978-7-115-54657-9

　Ⅰ．①改… Ⅱ．①松… ②童… Ⅲ．①马可尼（Marconi, Guglielmo 1874-1937）－生平事迹－少儿读物
Ⅳ．①K835.466.16-49

中国版本图书馆CIP数据核字(2020)第151467号

责任编辑：张宇红
责任印制：孙智星
美术编辑：段　芳

编　　　：童趣出版有限公司
出　　版：人民邮电出版社
地　　址：北京市丰台区成寿寺路 11 号邮电出版大厦（100164）
网　　址：www.childrenfun.com.cn

经销发行：010 - 81054120
读者热线：010 - 81054177

印　　刷：天津千鹤文化传播有限公司
开　　本：880×1270　1/32
印　　张：6.25
字　　数：125 千
版　　次：2021 年 8 月第 1 版 2024 年 8 月第 4 次印刷
书　　号：ISBN 978-7-115-54657-9
定　　价：28.00 元

版权所有，侵权必究。如发现质量问题，请直接联系读者服务部：010-81054177。

序

马可尼是意大利著名的物理学家、发明家、工程师，实用无线电报通信的创始人。他未受过正规教育，自学成才，凭着勤奋刻苦和不懈努力，从一名业余的电子爱好者成长为杰出的无线电发明家。1896 年，22 岁的马可尼在英国首次实现了距离为 2.4 千米的无线电通信，并取得专利。1898 年，马可尼的无线电报装置正式投入商业使用。1901 年，他成功地令无线电波第一次飞越大西洋。因为在无线电领域的卓越贡献，马可尼于 1909 年和布劳恩一起获得诺贝尔物理学奖，他也因此被称为"无线电之父"。

人人都认识鸡蛋，但只有马可尼把鸡蛋立起来了！
——英国邮政总局总工程师普利斯博士

他的发明开创了人类生活的一个新时代。
——意大利诗人丹农齐奥为马可尼撰写的墓志铭

其他发明者，在电学领域的大海中冒险前行，他们遇到电磁波的浪潮却与之擦肩而过，并没有意识到这种新潮流会改变世界。他们也曾经注意到赫兹振荡的特性，却怀疑它的应用前景，担心在破浪前进中会遇到暗礁、海岬的阻碍，或在沙洲搁浅。而马可尼敢于扬起风帆，到未知的潮流中去探索并开辟了新的航线。

——美国联邦巡回法庭判词

前言

世界因他们而精彩

　　这套《改变世界的巨人》系列丛书精选了来自世界不同国家的科学家，将他们有趣又独特的成长故事娓娓道来。其中，外国科学家14位，他们是居里夫人、诺贝尔、瓦特、斯蒂芬森、富尔顿、福特、莱特兄弟、麦克斯韦、马可尼、莫尔斯、贝尔、贝尔德和爱迪生。

　　居里夫人，这位伟大女性发现的镭为癌症患者带来了福音，减轻了无数人的痛苦。她以自己的天赋和勤奋，在物理学和化学两个领域做出了杰出贡献，成为第一个两次获得诺贝尔奖的人。诺贝尔，这位瑞典化学家、诺贝尔奖的创立者，他一生钟情于研究炸药，却厌恶战争，憧憬和平。他创立的诺贝尔奖成为全世界科学精英们追求的梦想。

　　瓦特，这个英国工匠的儿子，他发明的蒸汽机带动了工业革命的发展，使世界文明和人类生活发生了很大的改变。"它（蒸汽机）武装了人类，使虚弱无力的双手变得力大无穷。"在瓦特发明的蒸汽机的带动下，矿工出身的斯蒂芬森发明了蒸汽机车，开辟了全球铁路运输事业。自学成才的工程师富尔顿造出了世界上第一艘蒸汽机轮船，为世界航海事业做出了重大贡献。福特，这个农民出身的汽车大王，他的 T 型汽车创造了一个时代的奇迹，正是他"为世界装上了轮子"，使汽车从奢侈品变成大众化的交通工具。莱特兄弟，这两个想征服蓝天的美国大男孩，历尽挫折，紧密合作，最终实现了人类的飞行梦想。因为他们，人类可以乘着火车、汽车、轮船和飞机在陆地上奔驰、在海洋里畅游、在天空中翱翔，人类的生活从此变得便捷。

麦克斯韦，这位与牛顿和爱因斯坦齐名的英国物理学家，创立了电磁学理论，天才地预见了电磁波，为后来无线电的诞生和发展开辟了道路。今天我们能够生活在电磁波的世界中，电视、广播、无线电通信、导航、遥控、遥测、雷达等现代技术的发展都受惠于他的贡献。意大利青年马可尼后来居上，成功用无线电波传递了信息，成为举世闻名的无线电发明家。

莫尔斯，这位美国画家因 41 岁时受科普演讲鼓舞，半路改行研究电报，后来竟创造奇迹，获得成功。他的发明揭开了人类通信史上崭新的一页。有意思的是，追寻着他的足迹，苏格兰青年贝尔发明了电话，使人类"顺风耳"的梦想成真。另一个苏格兰青年贝尔德发明了电视，让"千里眼"也变成现实。

和贝尔同岁的爱迪生，这位家喻户晓的发明大王，他的留声机、电灯、电影放映机等上千项发明为我们留下了宝贵的财富，也正是他的发明，让科学的光辉长驻人间。

这14位改变世界的巨人的成才道路和创业经历坎坷曲折，而又多姿多彩。他们的高尚品格和精神风貌带给人们许多启迪。如贝尔发明电话改变了世界，但他却从不以电话发明家自居，一生致力于聋哑儿童的教育。莫尔斯、马可尼、贝尔德都是业余电子爱好者，但是他们敢想敢干，善于吸取前人的经验，最后脱颖而出，取得了重大的发明成果。爱迪生一生从未停止过发明。他的座右铭是："我探求人类需要什么，然后我就迈步向前，努力去把它发明出来。"居里夫人热爱祖国，一生淡泊名利，倾其毕生精力从事放射性研究，并为此献出了宝贵的生命……

我们重温他们的故事，倍感亲切，深受鼓舞。他们那种为人类造福的理想，那种敢于创新的精神，那种不怕失败、百折不挠的毅力，将永远激励后人。可以想象，如果没有他们发明的火车、轮船、汽车、飞机和电报、电话、电灯、无线电、电视，我们生活的世界也不可能像现在这样精彩。让我们向这些改变世界的巨人致敬！

马可尼生平简历
1874—1937

1874

4月25日，出生于意大利的博洛尼亚。

1894

受赫兹的一篇论文启发，决定投身无线电实验。改进布冉利检波器，在父亲的格里福内别墅的小阁楼里进行无线电实验。

1895

9月，在格里福内别墅和附近的小山上进行无线电信号传送，距离达2.4千米。

1896

带着发明和母亲来到英国。

6月2日，发明取得了英国的专利，这是无线电史上的第一张专利证书。

7月，在英国邮政总局大楼楼顶第一次向公众展示了他的装置。

9月，他发送的无线电信号越过英国索尔兹伯里平原，传送距离达6千米。

1897

5月13日，在英国布里斯托尔海湾成功进行了无线电跨海通信，距离约14千米。

7月，在伦敦成立无线电报与通信有限公司。在英国怀特岛郡建立尼特无线电站，开尔文勋爵在那里拍发了第一份商用无线电报。

1898

7月，他的无线电报装置正式投入商业使用，替都柏林一家报社报道快艇的比赛实况。

1900

4月26日，取得"调谐或谐振电报"的专利，专利号为7777。

10月，在英国波尔图建立世界上第一座大功率无线电发射台。

1901

12月12日，"S"电码从波尔图电台发出，在3000多千米外的纽芬兰岛收到。无线电报第一次飞越大西洋。

1909

1月，"共和国"号轮船同"佛罗里达"号轮船相撞，由于使用无线电呼救，两艘船上约1600人全部脱险。

11月，与德国物理学家布劳恩同时荣获该年度的诺贝尔物理学奖。

1912

4月15日，"泰坦尼克"号在初次航行时与冰山相撞沉没。无线电报员发出呼救信号，从而拯救了700多人的生命。

1918

9月，采用等幅波发射，在英国和澳大利亚之间传递了第一份无线电报。

1926

建成将英国和加拿大联系起来的第一座定向无线电台。

1932

进行了当时最高频率60兆赫的无线电传声实验。

1933

12月，携夫人访问中国。

12月8日，在国立交通大学亲手竖立"马可尼纪念柱"。

1934

4月25日，60岁生日。国际海上无线电委员会的50个国家代表，一致同意把4月25日命名为"世界海上无线电服务马可尼日"。

1937

7月20日，因病逝世，享年63岁。

Contents 目录

在近代科学技术史上，1888 年应该用金色大字来书写。因为在这一年，德国青年科学家赫兹发现了电磁波，证明了麦克斯韦的预言。

赫兹的发现引起整个科学界的轰动。世界上许多著名实验室，都争先恐后地重复着赫兹的实验。一些有远见的科学家意识到电磁波的发现，不仅有重大的理论意义，而且有很高的实用价值。工程技术人员更是对电磁波深深着迷。大家都在想：应该怎样利用这种奇妙的电磁波呢？

赫兹的天才实验，给无线电发明家们开辟了广阔的道路。

一批又一批后继者加入探索无线电的行列中。在 1888 年以后的几年时间里，探索用电磁波传送信号成了最激动人心的课题，各国的研究者"群雄逐鹿"，形成了一支浩浩荡荡的大军。这中间涌现出许多精英人物，包括法国的布冉利、英国的洛奇、美国的特斯拉、新西兰的卢瑟福和俄国的波波夫等。

在这批英雄中，有一位年轻人，他是意大利的无线电业余爱好者，他没有读过大学，也没有受过专业教育，但他敢想敢干，善于汲取别人的经验，最后终于在无线电通信上取得重大发明成果，获得了极大的成功。

他就是意大利无线电发明家古列尔莫·马可尼。

我们这个故事，讲的就是他创造奇迹的传奇一生。

第一章 | 意大利少年的梦
母亲的宠儿

意大利北部有一座城市名叫博洛尼亚，位于波河平原南缘、亚平宁山脉北麓，是艾米利亚－罗马涅大区的首府。博洛尼亚是意大利最古老的城市之一，是一座历史悠久的文化名城。它虽然没有威尼斯和佛罗伦萨的名气大，但也有着独特的风韵和魅力。

博洛尼亚以南 80 千米处，就是闻名世界的"文艺复兴之都"佛罗伦萨。两城之间，横亘着亚平宁山脉。从博洛尼亚往北走，穿过波河平原，就抵达了小城帕多瓦（伽利略曾在这里任教多年），再东行 30 千米，就到了有"水城"美誉的威尼斯。博洛尼亚由于地处意大利北部的腹地，自古就是交通枢纽和农产品集散地，也是意大利的商业中心。博洛尼亚的城市规模不大，建筑也不高，但很敦实、古朴，城内有很多城墙、塔楼和哥特式教堂等。整个博洛尼亚城保留着 12 － 13 世纪的建筑风貌。建筑外墙的色调淡雅而富有变化，屋顶全部都是土红色，从空中鸟瞰别有一番壮观的景象。这为博洛尼亚赢得了一个别称——"红色之都"。

在博洛尼亚老城区的广场上，矗立着一高一低两座建于中世纪的塔楼。高的那座是阿西内利塔，高约 100 米，是中世纪时期博洛尼亚最高的塔楼。每当城里出现火情，便会有人敲击塔楼上的巨大铜钟。这报警的钟声，市民们很远都能听到。低的那座塔楼造型和阿西内利塔一样。这两座双子塔楼是博洛尼亚的标志性建筑，闻名遐迩，特别引人注目。

博洛尼亚的城市景观还有一个特色——独具一格的柱廊。

博洛尼亚市中心的每栋大建筑都建有带圆柱的门廊，又称柱廊，优雅而华丽。据说这是中世纪时博洛尼亚当局对修建楼房的一项规定，就连柱廊的形状和高度都有统一的规格。后来，意大利各城邦纷纷将已修建的柱廊拆除，唯独博洛尼亚将这些柱廊保留了下来，它们在一道道拱门的延伸下，形成了一条长约 38 千米的全天候行人走廊。市民既可在廊中行走，免受日晒雨淋，也可在廊下小憩，喝茶聊天。

几百年来，柱廊不仅成为博洛尼亚城的一道独特的风景线，也成了博洛尼亚人日常生活中不可缺少的组成部分。此外，博洛尼亚城的人行道也都以走廊形式修筑。因此，博洛尼亚又被称为"柱廊之城"。

博洛尼亚还有一个美名，叫"学习之都"。

这是因为在博洛尼亚城的中心，坐落着很有名气的博洛尼亚大学。它始建于 1088 年，号称世界上第一所大学，也是欧洲最古老的大学，位居欧洲四大文化中心之首（另外 3 个中心是牛津大学、巴黎大学、萨拉曼卡大学），被誉为欧洲"大学之母"。文艺复兴巨匠但丁、彼特拉克都是该校学生，天文学家哥白尼曾在这里留学。博洛尼亚大学创建之初，以法律和医学两个专业著称，距今已有 900 多年的历史。1988 年 9 月 18 日，在博洛尼亚大学建校 900 年之际，欧洲 430 所大学的校长在博洛尼亚大广场共同签署了《欧洲大学宪章》，正式宣称博洛尼亚大学为"大学之母"。1999 年 6 月 19 日，欧洲 29 国的教育部长又在博洛尼亚共同签署了《博洛尼亚宣言》，确定了提高欧洲大学竞争力的战略目标。

博洛尼亚还有一个昵称，叫"胖子城"。不是说这里盛产胖子，而是因为博洛尼亚拥有许多美食。博洛尼亚的小吃被公认为全意大利最美味、最地道的小吃。享誉世界的意大利的标志性食品肉酱通心粉，在意大利语里就称为"博洛尼亚通心粉"。这种食物几乎人人爱吃，百吃不厌，吃多了自然就长胖了。

1874 年 4 月 25 日，我们故事的主人公马可尼就出生在博洛尼亚城郊的一座农庄里。这座农庄名叫蓬泰西奥，是马可尼家族的产业，离市区约 17 千米。庄园里有栋名叫格里福内的别墅，建在一个山丘上。这是座米黄色的 3 层建筑，土红色屋顶，四周绿树掩映，透过窗户可以俯视农庄的田野。田野土地肥沃，风光绮丽，与富饶的平原连成一片，隐约可见远处起伏的亚平宁山脉。别墅后面的山丘上，种植着葡萄和亚热带水果，还有很多桑树。就是在这个地方，马可尼度过了快乐的童年，并开始了他业余发明家的事业。

马可尼的父亲朱塞佩·马可尼是个能干的意大利农庄主；母亲安妮·詹姆森为爱尔兰裔，是位典型的贤妻良母。

马可尼家里很富有。父亲善于经营农庄，在商业上也很成功。他的第一任妻子因难产不幸去世。安妮·詹姆森是他的第二任妻子，是位音乐教师，美丽温柔，比他小 17 岁。

马可尼的全名为古列尔莫·马可尼，他出生时父亲已经50 岁了。

马可尼有个哥哥，名叫阿方索，比他大 9 岁。马可尼是家里的小儿子，很得母亲的宠爱，母子二人感情很深。马可尼的一生深受母亲影响——可以说，全靠这位伟大母亲的庇护和鼓励，马可尼的天赋得以被充分挖掘，从而在发明无线电的道路上越走越远，最终获得了巨大的成功。

安妮帮助丈夫掌管农庄事务，非常操劳。她很喜欢旅游，常带马可尼兄弟俩跋山涉水，到各地旅行。大约在马可尼3岁的时候，母亲就带他去英国拜访娘家的亲戚们。由于马可尼经常随母亲去英国，因此他的英语说得比意大利语还流利。这让马可尼从小就对英国产生了一种亲切感，也为他日后赴英发展埋下了伏笔。在意大利温暖的沃土上，少年马可尼成长为一株茁壮的幼苗，后来移居到英国，他的无线电事业才得以开花结果。

马可尼童年的大部分时光，都是和母亲一起在旅游中度过的。他成了"小江湖"，见多识广，满脑子都是鬼点子。他的童年充满幻想，严厉的父亲老爱说他"不安分守己"。每当这时，母亲安妮就会微笑着鼓励儿子说："咱们的小古列尔莫，就是敢想敢做，将来一定会有出息！"

马可尼看着母亲的笑脸，心头热乎乎的。

｜热爱大海

马可尼儿时最大的梦想，就是当航海家。

冬天，母亲常常带马可尼兄弟俩到南方去避寒。她特别喜欢住在里窝那港，这是意大利西部海岸的一个港口，离比萨很近。马可尼的姨妈和 4 个女儿就住在里窝那港。因为濒临利古里亚海，这里气候温暖。

马可尼很喜欢里窝那港。他长得又黑又瘦，活泼机灵，很讨人喜欢。4 个表姐妹都很关照他，经常陪他到港湾附近玩。看着帆船穿梭往来，成群的海鸥在空中飞翔，马可尼非常开心，不禁欢呼雀跃。年龄最小的小表妹和马可尼最亲密。她梳着一根马尾辫，很漂亮。

小表妹总爱问马可尼："古列尔莫哥哥，你为什么长得这么瘦呀？"

"瘦归瘦，可是有肌肉。"马可尼举起胳膊，摆了个姿势。

小表妹瞄了他一眼，没瞧见什么"肌肉"。

"你多吃一点儿，就可以长胖了。"小表妹说。

"胖有什么好？"马可尼不屑地说道，"你瞧，羚羊最瘦吧，可它是长跑冠军。猪圈里的猪呢，胖是胖，但只能给人做肉酱。"

"怪不得古列尔莫哥哥不想长胖，原来你是想当长跑冠军呀！"小表妹似乎恍然大悟。

马可尼看见她的模样，抿着嘴笑了。实际上，他心中的偶像并不是又蹦又跳的羚羊。他的梦想是当船长，做个航海家，像哥伦布一样环游世界，发现新大陆。别看他小小年纪，却是雄心勃勃。

里窝那港是一座军港，停泊着许多军舰，景象十分壮观。每到节假日，水兵和军官们就会穿着漂亮的海军服上岸度假。他们英俊挺拔，风度翩翩，常常引来姑娘们欣赏的目光。小马可尼目睹官兵们神气的模样，更是羡慕不已。

里窝那港有一所意大利海军学校，专门培养海军初级军官。学制4年，前3年学习理工基础知识，最后1年学习海军专业知识。学员毕业后被授予少尉军衔。

这所海军学校自然成了马可尼神往的地方。

有一天，母亲安妮问他有什么理想。

马可尼回答说："我想进海军学校。"这一年，他10岁。

父亲朱塞佩·马可尼望子成龙，听见这话非常高兴。他认为如果将来小儿子当能上海军军官，定会前程似锦。于是，老马可尼破天荒地开口鼓励儿子："很好！爸爸支持你。"

马可尼听到这话，兴奋得一夜没睡。

父亲会说话算数吗？他不敢肯定。

老马可尼一向严厉，在经济上更是精打细算。但这一次他说话算数，不惜花钱给马可尼买了一艘小帆船，让他学习航行，鼓励儿子追求海军梦想。

马可尼不禁喜出望外。在哥哥阿方索的帮助下，他很快就学会了掌舵、扬帆、观察风向和水流等驾驶帆船的本领。兄弟俩经常驾着小帆船在海湾里玩，自由自在，非常快活。几个表姐妹不敢上船，就在岸上为他俩呐喊加油。还没有进海军学校就当上了船长，过了一把航海瘾，小马可尼得意扬扬。哥哥阿方索给他当大副，兼做教练和保镖。两人玩得很疯狂，甚至几次掉进海里险些淹死。

有一次，马可尼双手撑着船头，两脚离地，玩倒立游戏。这是个超高难度的动作，不仅需要"玩命"的勇气，还要具备过硬的身体平衡能力。马可尼的精彩表演，赢得了岸上围观者的喝彩。

"这是谁家的小子啊？动作真漂亮！"

"他是古列尔莫哥哥，我们家的小子。"小表妹骄傲地说。

"比看杂技还精彩呀！"

"那边好像有大浪涌过来啦！"另一位看客说。

在船尾掌舵的阿方索此时也觉察到了险情，他冲着弟弟大喊："古列尔莫，小心！"

不料他的话音未落，海浪已朝小帆船卷来，帆船顿时失去平衡，像一片树叶一样在浪里颠来晃去。

而正陶醉在表演中的马可尼，根本来不及反应，被一个浪头打进海里。

"啊！"岸上所有的人都被这一幕惊呆了。

"古列尔莫！古列尔莫！"阿方索惊慌失措，抓住船舷俯身大喊。可马可尼的身影一瞬间就被漩涡吞没，只剩下水面上涌动着的白色的浪花和破碎的泡沫。

"古列尔莫！古列尔莫！"阿方索声嘶力竭地呼喊。

马可尼却什么也听不见。他隐隐觉得自己从云端坠落到了万丈深渊，周围一片漆黑和冰凉。他睁开眼，蒙眬中看见一群小鱼在面前游来游去，速度很快。接着，一条灰白色的大鱼朝他游过来。这个庞然大物长着满嘴利齿，一对小眼睛透着冷光。他下意识地想到——这是鲨鱼！顿时，他被吓得魂飞魄散，动弹不得。这是马可尼平生第一次感觉到死亡就在眼前。随后，这条大白鲨缓缓游近，若无其事地打量着他，不一会儿就从他身边游走了。马可尼惊魂未定，挥着两只胳膊，用尽浑身力气拼命往上划。渐渐地，他看见上方出现了一片亮光。他挣扎着，想喊"救命"，却只觉得一口咸咸的海水钻进了喉咙。他被呛得昏死了过去。

马可尼醒来时，发现自己已经躺在岸上，奄奄一息。原来是哥哥在危急时刻跳进海里，把他救了起来。亏得阿方索的水性好，不然"马可尼船长"就命丧大海了。说起自己刚才差点儿被大鲨鱼吃掉的惊险遭遇，马可尼心有余悸。

小表妹庆幸道："大鲨鱼一定是嫌古列尔莫哥哥太瘦了，所以没有吃你。"

"是呀，我怎么没有想到啊！"马可尼笑道。

很多年后，马可尼常对人讲起儿时的这段"趣事"。童年的快乐时光令他毕生难忘。正因为有这样的经历，当他看到自己的无线电发明给航海人员带来福音时，心里才格外高兴。

但此时，这个少年还沉浸在对大海的幻想中，盼望着梦想成真。

13岁时，马可尼满怀希望，正式报考了里窝那海军学校。遗憾的是他并没有被录取，不是因为他长得瘦，而是因为他的成绩不合格。

母亲安妮安慰马可尼不要灰心，说还有其他学校可以选择。

父亲却非常失望，责怪他只顾玩耍，荒废了学业。

其实，这也不能完全怪马可尼。因为在12岁前，他没有接受过正规的学校教育，他的早期教育都是在蓬泰西奥庄园和里窝那港接受的。再加上小时候，马可尼兄弟经常跟着母亲去英国，待在意大利的时间并不多，他俩的意大利语说得都不好。

父母请了家庭教师给兄弟俩补习意大利语，也教马可尼一些其他功课。直到12岁时，马可尼才进入一所中学就读。但他自由惯了，一时难以适应正规的学校教育。马可尼有些内向，同学们觉得这个"瘦小子"神态傲慢，不合群，说话带着英语腔，都有意疏远他。老师认为他反应迟钝，成绩差，难以管教。因此，马可尼没有读多久就退学了，然后鼓足勇气去报考里窝那海军学校。在马可尼的传记里，也没有留下这所中学的名字。

虽然马可尼进入海军学校的梦想破灭了，但他对大海的热爱却终生不渝。像英国大科学家开尔文勋爵一样，马可尼后半生的科学研究活动都是在海上进行的。

在落榜里窝那海军学校的那年冬天，在母亲的鼓励下，马可尼进入里窝那技术学校就读。这是一所中专学校，专门培养普通的技工。父亲虽然不满意，但也觉得总比儿子整日游手好闲要强。

进了技术学校，马可尼才正式开始接触物理和化学。他很快就对物理、化学入了迷，尤其对电学产生了浓厚的兴趣。他阅读了能够找到的所有有关电学的资料，包括早期的电学先驱者吉尔伯特、居里克、富兰克林等人的研究，他还读了麦克斯韦、法拉第等大师的电学著作，发现电学天地原来有那么多有趣的奥秘，不禁跃跃欲试。

电的先驱者

马可尼翻阅了许多书卷，得知电学是一门很古老的科学。在中国商代的甲骨文中就有关于雷电的记载。古希腊人也早已发现琥珀的静电特征——被称为"科学和哲学之祖"的古希腊思想家泰勒斯曾指出，经过摩擦的琥珀能吸引轻小物体。

但电学的发展比较晚，直到18世纪初叶，几乎还是一片"荒地"。

在此之前对电进行探索的学者为数不多。中国东汉时期的王充算是一个，他在《论衡》里解释过雷电，书中还有"顿牟掇芥，磁石引针"的记录。其中，"顿牟"意为玳瑁，是一种龟类的背甲，"芥"指细小的物体，"掇"是拾取的意思。这句话的意思是，一些物体通过摩擦表面能吸引轻小的物体，这与古希腊先贤的发现不谋而合。不过，王充是位哲学家，他未对电做进一步研究。

接下来，电学沉睡了近1500年。到了16世纪，英国才出现了一位科学家威廉·吉尔伯特，他是英国女王伊丽莎白一世的御医，但对电学很感兴趣。吉尔伯特证明了不仅琥珀有静电特征，玻璃、硫黄、宝石等经过摩擦也能吸引纸屑和草芥，这一发现扩大了人们对静电现象的认识范围。他还首次使用了"电"这一名称。

但是电究竟是什么？这位御医也不知道。

1663 年，德国人奥托·冯·居里克制成了一台简陋的静电起电机。这台用硫黄球做的仪器很原始，起电时用一只手摇动转柄，另一只手放在旋转的硫黄球上摩擦，手上就会带上静电。

18 世纪之前，人们不仅对电的来源和性质搞不清楚，对雷电等自然现象更是怀有畏惧之心。电被一层神秘的面纱笼罩着。

到了富兰克林时代，电学才走出襁褓时期。

1729 年，英国科学家斯蒂芬·格雷发现电荷可以传导，并确知有的物体能导电，有的物体不能，这两种物体分别就是后来所说的导体和绝缘体。这一发现是电学领域的一个比较大的进步，因为有了导体就有可能制出新的电学仪器了。

5 年以后，另一位法国科学家迪费又明确了电荷分为两种：毛皮摩擦松香（或胶木）后所带的电荷，与绸子摩擦玻璃棒后所带的电荷不一样，同性相斥，异性相吸。这个现象在今天看来很简单，无论在哪一国的初中物理书上都可以找到相关描述，但在当时却是一个崭新的发现。

电荷的发现使许多科学家兴奋不已，他们感到既费解又奇妙。在一段时间里，研究电学成了一种时尚，静电实验成为上流社会的游戏。

更令人瞩目的是，1745年冬天，电学界传出了一个激动人心的消息：德国的克莱斯特和荷兰的穆森布罗克，几乎同时发现了电震现象。

有一天，克莱斯特在聚精会神地做电学实验。他先把一根铁杆插在内部潮湿的玻璃瓶中，然后用金属线（即格雷发现的导体）把摩擦起电机产生的电荷引到铁杆上。他想试一试电荷能否储存在瓶子里。当他一只手握住瓶子，另一只手无意间碰到铁杆时，突然全身剧烈颤动，几乎昏倒在地。他把这一意外情况告诉了一位同事，不久便听说荷兰莱顿城的大学教授穆森布罗克也遇到了类似情况。穆森布罗克的瓶中装有水，电震程度更厉害。他写信告诉一位朋友时，还心有余悸："当遭到电震时，手臂和身体产生了一种无法形容的恐怖感觉，我顿时以为自己活不了啦！"

那位朋友照着他说的情况一试，结果同样可怕，电震时还伴有声响。这就是有名的莱顿瓶和电震现象。

这一发现使人们对电有了崭新的认识。从前人们只把"琥珀吸芥"等静电现象当作有趣的游戏，莱顿瓶第一次告诉人们电的威力，也是第一次将电荷储存起来。它像春雷一样惊醒了沉睡的电学！

　　马可尼从大量资料中了解到，电学的发展就像一场漫长的科学接力赛，无数的先驱者在这个过程中做出了贡献。

　　富兰克林也是其中一位，他受到莱顿瓶的启发，经过反复实验，发现毛皮摩擦松香后所带的电荷与绸子摩擦玻璃棒后所带的电荷在本质上是一样的。他还用风筝实验证明了雷电就是电——也就是说，天空中的雷电、摩擦起电及莱顿瓶放的电，本质是一样的。富兰克林因此成为电学史上的一员主将。

　　继富兰克林之后，1786 年的一天，动物学家路易吉·加尔瓦尼在实验室解剖青蛙，他把解剖了的青蛙倒挂在铁栏的铜钩上，蛙腿突然颤抖起来。加尔瓦尼认为，蛙腿颤抖的原因是动物体内存在电，他把这种电称为"动物电"。电学家伏打在加尔瓦尼实验的启发下，经过深入研究，揭开了蛙腿颤抖的真正原因：两种不同的金属与水（加尔瓦尼实验中的铁栏、铜钩和蛙腿湿润的肌肉）相互接触，可产生一种电流，这种电流会刺激蛙腿的神经，从而引起蛙腿的颤动。根据这一原理，伏打于 1799 年发明了世界上第一个化学电池，即著名的"伏打电堆"，宣布了静电时代的结束。由此，人类第一次获得了连续不断的电流。加尔瓦尼和伏打都是意大利人，并且加尔瓦尼先生就出生在博洛尼亚，和马可尼是老乡。马可尼为此感到很骄傲。

又过了大约 20 年，丹麦物理学家厄斯泰兹在一次讲课时，意外发现了电流能对磁针产生作用力，使之转动。人们这才知道电和磁有关系。法拉第把这种关系形容成一枚铜币的两面，并在日记里写下了他的设想："既然电流可以产生磁，那么磁也可以产生电！"

为了验证这一设想，法拉第经历了无数次实验的失败，进行了长达 10 年的探索，最后他终于打开了电和磁的宝库……

马可尼从书卷上抬起头，眺望窗外，不禁心潮澎湃。

心中的英雄

在这些电学先驱中，少年马可尼最崇拜两位英雄：一位是美国科学家本杰明·富兰克林，另一位是英国平民科学家、电磁学先驱迈克尔·法拉第。

富兰克林是美国的开国元勋之一，是18世纪美国最伟大的科学家和发明家之一，也是著名的政治家、外交家、文学家、航海家，还是美国独立战争的重要领导人之一。

富兰克林是近代电学研究的先驱。他最著名的科学活动，是在费城进行的吸引雷电的风筝实验。正是在这次实验中，他证明了雷电是一种放电现象。这个发现在电学史上具有里程碑的意义。为了深入探讨电的规律，富兰克林还创造了许多专用名词，如"正电""负电""导电体""电池""充电""放电"等，这些名词最终成为世界通用的词语。正是他，揭开了近代电学研究的序幕。此外，富兰克林最先发明了避雷针，使建筑物可以免遭雷击。他还发明了新型路灯、节能火炉、双焦距眼镜和活动梯式折叠凳等。富兰克林集作家、电学家、发明家、出版商、大使、邮政局长、州长、救火队指挥等身份于一身，而他自己最喜欢的称号却是"印刷工富兰克林"。

　　富兰克林是一个漆匠的儿子，出身贫寒。父亲是英国移民，后来从事肥皂和蜡烛制造。由于家境贫寒，富兰克林8岁才上学，只读了两年就辍学了，并在12岁时当了印刷学徒。富兰克林从小就喜欢读书，靠自学成才。他说："读书是我唯一的娱乐。"他常向书店和周围人借书，深夜读完书，清晨就去归还。当学徒时，他一有钱就去买书，特别是航海小说，他最喜欢，买得最多。有一次，他还下狠心买了一套大部头的百科全书。对于历史知识，富兰克林也很有兴趣，他把那套百科全书看完后，以原价卖掉，又买进一套历史读物，足足"啃"了3个月，脑袋里装满了丰富多彩的历史故事。富兰克林博览群书，从书中学到不少创业立身之道，也学到许多科学知识，这为他后来成为学识渊博的学者和科学家奠定了基础。

　　1752年7月，富兰克林在美国宾夕法尼亚州进行了举世闻名的风筝实验。那是一个乌云密布的夏日，电闪雷鸣，暴风雨即将来临。富兰克林和他的儿子威廉带着用丝绸帕做成的风筝和一个莱顿瓶，来到野外一个空旷地带。雷声越来越近，狂风呼啸。富兰克林高举风筝，儿子威廉则拉着风筝线奔跑。风筝扶摇直上，升到空中，紧接着大雨倾盆，雷电交加。富兰克林和儿子一起拉着风筝线，父子俩焦急地期待着。此时，只见一道闪电掠过，风筝线上的一小段细毛直立起来，被一种看不见的力牵引着。富兰克林的手有了麻木的感觉，他把手指靠近铜钥匙，顷刻之间，钥匙上射出一串电火花。他抑制不住内心的激动，大声呼喊："威廉！我受到电击了！"随后，富兰克林又把风筝线上的电引入莱顿瓶中。回到家后，富兰克林用莱顿瓶中的电进行各种实验，证明了天上的雷电与人工摩擦产生的电具有完全相同的性质——雷电就是电！

幸亏这次传下来的雷电比较弱，富兰克林才没有受伤。1753 年，俄国著名电学家利赫曼为了验证富兰克林的发现，不幸被雷电击中身亡，成为做风筝实验的第一位牺牲者。这些都展现了电学先驱们伟大的探索和奉献精神。

富兰克林的风筝实验轰动了世界，揭开了近代电学研究的序幕。一位法国经济学家称富兰克林"攫雷电于九天以上"，德国哲学家康德则说："富兰克林是从天上盗取火种的第二个普罗米修斯。"

就连美国的首任总统华盛顿，都对富兰克林佩服得五体投地。这位总统说："在我的一生中，令我佩服的人只有 3 位。第一位是本杰明·富兰克林，第二位也是本杰明·富兰克林，第三位还是本杰明·富兰克林。"

这样的伟人，自然成为少年马可尼心中的英雄。马可尼读了富兰克林的传记，对他无比崇拜。

马可尼崇拜富兰克林还有一个原因，就是富兰克林也热爱大海。富兰克林从小在波士顿海边长大，特别喜欢游泳和潜水，对划船也很在行。他从七八岁起，就敢潜到海里捕捞各种有趣的生物。少年富兰克林十分热爱大海，他爱海的壮丽和辽阔，更爱海的磅礴雄伟。那变幻不羁的波涛，时涨时落的潮水，成群的海鸥，金黄的沙滩，夕阳下的帆影……所有这一切都使他心旷神怡。他时常率领一群小伙伴，驾着小帆船在海上破浪航行，大家都推举他当"船长"，听他指挥。

大海的熏陶使富兰克林从小酷爱自由，养成了不怕风浪、不畏强暴的性格。富兰克林小时候最大的理想也是去航海。

马可尼觉得自己和富兰克林的心是相通的。

另一位杰出的电学先驱，被誉为"电学之父"的科学家法拉第，也令马可尼非常敬佩。法拉第出生在铁匠之家，从小热爱科学，天性乐观。经过 10 年的不懈探索，他发现了电磁感应现象，并发明了人类历史上第一台发电机。他凭直觉预见到，电磁感应是一种波动。他的研究成果开辟了一个科学的新时代，并为麦克斯韦后来创立电磁理论奠定了基础。现今电容的单位，就是以法拉第的名字命名的。

法拉第一生热烈追求科学真理，淡泊名利。他在晚年推辞了英国皇室的封爵，但对公益事业和青少年科普宣传却从不推却，默默奉献出自己的每一分光和热。

最令马可尼敬佩的是，法拉第也是自学成才的。法拉第出生于英国萨里郡纽因顿小镇的一个贫苦家庭，父亲是一个铁匠。

由于家庭贫穷，他只上过几年小学，13岁时便在一家书店里当学徒。书店的工作使法拉第有机会读到许多科学书籍。有一天，有位绅士送来一本大部头的《不列颠百科全书》请书店帮助修复。书很厚重，由于不慎浸水，封皮和书脊脱胶了。修复这部书并不难，先微微烘干、上胶，再用铜尺加压就行了。法拉第像修复一件艺术品一样，小心翼翼地把书重新装订好。在装订的过程中，他有幸阅读了这部百科全书。他仿佛走进了一座科学的宝库，流连忘返，尤其是其中的"电学篇"，引起了他无穷的兴趣。从这篇内容中，他第一次知道了吉尔伯特和富兰克林这些电学先驱的名字，以及他们在电学上的成就，这促使法拉第抱定终身从事电学研究的决心。

少年法拉第还有一个优点，他不仅爱读书、爱思考，还喜欢动手做实验。凡是在书上读到的感兴趣的实验，他都想亲手试一试，验证一下那些神奇的现象是不是真的。那时的电学实验还处在初创时期，用不到高级精密的设备，化学实验也比较简单，只要准备好一些瓶瓶罐罐就能够开展实验。不过对一个13岁的穷学徒来说，要筹措这些东西也是很不容易的事。法拉第没有钱，他便尽可能地去捡现成的制作仪器需要的小零件，如旧玻璃瓶、废弃的细铜丝和旧锌片等。其他的小装置，他尽量自己动手做。确实需要花钱买的，他就把零用钱一点一点攒起来去买。法拉第还在自己住的小阁楼里建立了一个小小的实验室。做实验成了他生活中最大的乐趣。

每晚一收工，法拉第就钻进小阁楼里，点上蜡烛做实验。他有一个笔记本，上面用工整的小字抄录了许多《化学对话》和《不列颠百科全书》里的实验内容，有化学方面的，也有电学方面的。他照着抄录内容进行操作，把锌片丢进盐酸里，会冒出大量气泡，这就是英国大科学家卡文迪什在 1766 年发现的氢气。

法拉第在玻璃瓶内外包上一层锡箔，给它充电以后可产生猛烈的放电现象，这就是著名的莱顿瓶和电震现象。如果在瓶子里装上水，电震强度会更大。在细铜线接近直立在瓶中的金属棍的一瞬间，果真有火花闪烁，还伴着啪啪的巨响。啊，这不就是惊心动魄的雷电吗？法拉第欣喜若狂。他从实验中得到了极大的乐趣，实验证明书中的内容是千真万确的，而且实验的成功使法拉第感到这些好像是他自己的发现一样。由此，这个少年萌生了对科学的强烈兴趣，阁楼实验室成了他一生事业的起点。

由于法拉第热爱科学研究，专心致志，得到了英国化学家汉弗莱·戴维的赏识。1813年3月，戴维举荐法拉第到伦敦皇家研究所任实验室助手。这是法拉第一生的转折点，也是他后来成为英国最伟大的科学家之一的起点。

富兰克林和法拉第成了马可尼的榜样。在他们的影响下，马可尼对电学产生了浓厚的兴趣，并在后来走上了探索发明无线电的道路。

第二章 | 激动人心的岁月
痴迷电学

在格里福内别墅里，马可尼的父亲有一间藏书室，里面的藏书很丰富。马可尼经常躲在里面，忘情地翻阅各种图书。他的阅读条件比两位前辈当学徒时好多了。

马可尼小时候喜欢读希腊神话，还有各国的民间传说，满脑子都是稀奇古怪的幻想。长大一些后，他的阅读兴趣转移到科学家传记和科技读物上，从中得到了许多启迪。当富兰克林、法拉第成为心中的偶像后，马可尼就对电学书籍特别入迷。他在父亲的藏书室里找到一本法拉第的《电学实验研究》，还有普里斯特利的《电学史》，他如获至宝，如饥似渴地读起来。摩擦起电、莱顿瓶、电阻、电容、电磁感应等，完全占据了他的脑海。

父亲藏书室里的电学书籍，他很快就看完了。

马可尼家有个邻居是博洛尼亚大学的物理学教授，名叫奥古斯托·里吉，就住在蓬泰西奥庄园附近。母亲安妮爱子心切，特地带着马可尼登门拜访，请求教授对马可尼进行指导。里吉教授对电学颇有研究，一口答应帮助马可尼。他同意马可尼借阅学校图书馆的图书，还欢迎他到学校的实验室参观。

格里福内别墅离博洛尼亚城中心有 17 千米远，马可尼经常搭乘顺路马车到博洛尼亚大学图书馆借书。有时没有顺路马车，他就牵一头家里的毛驴，骑着毛驴，一路吆喝着进城。到了博洛尼亚大学，他把毛驴拴在墙外，自己一头钻进图书馆里。就这样，马可尼读到了许多关于电学的书籍，增长了不少电磁方面的知识，这为他日后的发展奠定了坚实的知识基础。

　　15 岁的马可尼成了狂热的电学迷，他效仿少年法拉第，既埋头读书，又动手操作。当然，他起初制作的都是一些初级的东西，简单粗糙，技术含量不是很高，如自制伏打电堆、绕制线圈和改装电铃等。零件大都是从庄园的房舍里搜罗来的。

有一次在里窝那，马可尼把小表妹的袖珍缝纫机拆了，用里面的摇柄做成一个绕线机，用来绕制线圈。小表妹看见自己的缝纫机被马可尼"开膛破肚"，伤心地哭了起来。马可尼便又把绕线机拆了，重新组装成缝纫机，小表妹这才破涕为笑。

姨妈每次带孩子们来格里福内别墅度假，马可尼就把自制的一些玩意儿拿出来向小表妹显摆。

"这是我的电铃，很高级的。"

"我怎么看不出来？"

"是我亲手改造的，你瞧这里，连着一根导线。"

"哦，是有根线，有什么用呢？"

"自然有用，以后你就知道了。"马可尼卖了个关子，自豪地向她介绍另一样东西，"这是电瓶，我自己研制的。"

桌子上摆着一个玻璃瓶，里面插着一根细金属棍。

"什么电瓶？"小表妹一头雾水。

"你不知道吧？就是大名鼎鼎的莱顿瓶。"

"莱顿瓶？不就是个玻璃瓶嘛。"小表妹看不出这瓶子有什么特别之处。

"这个瓶子可不简单。你瞧，瓶子里外都贴着锡箔。"马可尼向小表妹炫耀道，"瓶里的锡箔通过这根金属链，跟中间这根金属棍相连。你知道吗？富兰克林用风筝引下来的雷电，就是用它收集的。"

小表妹被他的话镇住了，目不转睛地盯着瓶子。

见小表妹如此好奇，马可尼便给她做了个小实验。他在莱顿瓶里装上水，然后用一个自制的伏打电堆给莱顿瓶充上电。接着，他用手指轻触莱顿瓶里的金属棍，刹那间，手指和金属棍之间有火花闪烁，还伴着嗞嗞的响声。

小表妹非常惊讶。

"古列尔莫哥哥，你真了不起啊！"

"这不算什么。"马可尼一笑，"我掌握的电学知识，已经达到法拉第当年的水平了。"他说的"当年"，自然是指法拉第当学徒的时候。这口气听起来可不小。

"古列尔莫哥哥，你还想去航海吗？"小表妹问他。

"暂时不想了。"

"为什么呀？"

"有更伟大的事情等着我去做。"

"什么更伟大的事啊？"小表妹好奇地问。

"现在还不好说，以后你就知道了。"马可尼故作神秘。他心中似乎正酝酿着什么计划。

果然，没过多久，马可尼就做出了惊人之举。他用镀锌铁皮做成一根长长的杆子，从别墅3楼的窗户伸出去，固定在屋顶上，然后用一根导线把杆子和楼下的电铃连在一起。小表妹提着工具箱跑前跑后，给马可尼当帮手。

"用导线连着电铃干什么呢？"她问。

"这是我研究出来的雷雨报警铃。"

"它能预报雷雨吗？"小表妹暗自偷笑。

"当然能。"马可尼信心满满地说，"只要暴风雨来临，屋顶上的杆子就会把天上的闪电吸引下来，再将电从导线引到这个电铃上，电铃就会响起来。"

"真的呀？"小表妹大为惊奇。

马可尼赶紧说："注意保密，千万别让我爸知道了。"

小表妹立刻噤声，点点头。

接下来，两人焦急地等待着雷雨的来临。可是一连几天都是大晴天，天上连乌云的影子都看不到。

后来，坏天气终于被他们盼来了。天空中乌云密布，雷声阵阵，密集的雨点噼噼啪啪地打在屋顶上。马可尼和小表妹向窗外瞥了一眼，然后屏气凝神地瞪着电铃。这时一道闪电从空中掠过，又倏然消失。

就在这时，铃声响了起来！

马可尼和小表妹又惊又喜，不禁欢呼起来。母亲安妮从屋里探出头，诧异地问："是谁来啦？"马可尼向母亲报喜："妈妈，是雷电来做客啦！"

"啊，真的呀！"母亲笑了。

马可尼的"雷雨报警铃"实验终于成功了。但对于这次的成功，父母的反应却大相径庭。

母亲安妮很欣赏儿子的创造力，为他感到骄傲，父亲朱塞佩·马可尼却认为这是"瞎胡闹"。安妮袒护儿子道："孩子这是在搞科学实验，我们应该鼓励他。"

"他就是你宠坏的！"朱塞佩·马可尼不悦地说，"成天捣鼓这些玩意儿，有什么出息！"

"你不支持就算啦，别泼冷水。"安妮和颜悦色地说道。作为贤淑能干的家庭主妇，她善于化解家里的矛盾。

朱塞佩·马可尼不吭声了。

没过多久，马可尼有了一个更惊人的举动，但这次他却闯了祸。

一篇论文的启发

又盼来一个雷雨天，马可尼想重复富兰克林做过的风筝实验，用风筝把闪电引下来。于是，他擅自用家里的陶瓷餐碟当绝缘体，结果不慎把这套产自英国的名贵瓷器打碎了。父亲气得要命，这一回他终于忍无可忍了，决定制止儿子再干蠢事。

他把马可尼喊来，当着全家人的面宣布：马可尼必须停止一切实验。

"从今天起，你搞的那些破玩具，我看见一件就捣毁一件！"父亲严厉地说。

"听见没有，你赶紧把那些东西收起来。"安妮轻声提醒儿子。

"那些不是玩具，是我的发明。"马可尼辩解道。

"你以为当发明家这么容易呀！真是异想天开。"父亲训斥道。

"爸，我觉得古列尔莫有想法，这是好的。"阿方索替弟弟说情。

朱塞佩·马可尼转念一想，对马可尼说："你要是能考上博洛尼亚大学，我就同意你搞实验。"

　　这也许只是父亲的激将法，马可尼却当真了。他深受鼓舞，向里吉教授求助，恶补了 3 个月的功课，然后报考了博洛尼亚大学。考试那天，母亲安妮亲自送马可尼走进校园，默默祝福儿子好运。

　　马可尼则是一脸庄重，仿佛是去攻克梵蒂冈的城堡，颇有些破釜沉舟的气概。

　　可惜天不遂人愿，到了放榜之时，马可尼再次名落孙山。虽然博洛尼亚大学拥有"世界第一所大学"的美誉，而且就在家门口，少年马可尼却和它无缘——他毕竟只受过几年正规的学校教育，仅凭 3 个月时间临时抱佛脚是不会出现奇迹的。

　　他自然又挨了父亲一顿臭骂，父亲认为他痴迷那些"破玩具"，荒废了学业。

　　这一刻，马可尼失落至极。他泪眼模糊，无话可说。幸运的是，母亲安妮是他的"同盟军"和坚强后盾，哥哥阿方索也是他的支持者。里吉教授雪中送炭，告诉他只要有需要，博洛尼亚大学图书馆的大门永远为他敞开。马可尼深受感动。

　　为了躲避父亲的责骂，马可尼在庄园里找了一个隐秘地点作为自己的实验场所，躲在里面继续捣鼓那些小发明。每当实验有成果时，他会喜不自禁地报告给母亲。虽然安妮对电学实验一窍不通，但见到儿子有成果也高兴不已。不过这时，马可尼的探索目标还不明确，他只是隐约地感到，一个破土而出的崭新的科技领域正展现在眼前，并且大有可为，那就是无线电报。

博洛尼亚大学图书馆里有许多关于电报和海底电缆通信的文献，包括历年的学术论文、报告及新闻报道。马可尼看了这些资料，大开眼界。这个少年业余发明家强烈地感觉到，这正是自己奋斗的方向。

1837 年，莫尔斯发明了莫尔斯电码，揭开了人类通信史上崭新的一页。莫尔斯本来是个画家，有一次他乘"萨丽号"轮船返回美国时，在船上听到有关电磁感应的科普讲座，受到鼓舞，于是转行研究电报。

7 年后，莫尔斯实现了从华盛顿至巴尔的摩的电报通信。他用一连串的"点""划"电码发出了历史上第一份电报，报文为："上帝创造了何等的奇迹！"

此后，莫尔斯的发明迅速风靡全球。1850 年，英法之间的多佛尔海峡成功铺设的海底电缆，使英国和欧洲大陆实现了电报通信。经过 10 年坚苦卓绝的努力和无数次失败，在英国科学家汤姆孙的主持下，1865 年，大西洋海底电缆终于铺设成功。它和电报一样，成为人类通信史上的一座里程碑。因为这一功劳，汤姆孙后被英国政府封为"开尔文勋爵"。

虽然海底电缆的铺设工程浩大，耗时耗力，需投入巨资，电缆的保养和维修也是个大问题，但是到了马可尼生活的时代，电报线路已经遍布欧美，有的埋在地下，有的架在空中。它们和海底电缆连接起来，形成了远距离洲际通信网络。

全世界都铺上了电线和电缆，地球仿佛被一张巨大的网罩住了。

年轻的马可尼想：能不能不用电线，在空中传递电报信号呢？

他仰着脑袋，从格里福内别墅顶楼的窗户向远处眺望，心中憧憬着他发出的电的信号，能够越过山丘，穿过田野、湖泊、森林和海洋，在空中展翅飞翔，传向远方，传到世界的每一个角落……

有一天，安妮看见儿子对着窗外出神，于是问道："古列尔莫，最近看你老是发呆，你究竟在想什么啊？"

马可尼两眼炯炯有神，用笔在纸上画了一张图，递给母亲。

安妮接过一看，上面是长了翅膀的大写字母"E"，正飞越大海。

"让电带着信号飞越大海，地球上人们之间的距离不就变近了吗？"马可尼向她解释说。

"这个想法真妙！"母亲很惊奇，"但是能实现吗？"

"妈妈，世界上没有不可能的事情。"马可尼回答说。

在里窝那的时候，马可尼认识了一位老人。这位老人曾经当过报务员，到晚年视力衰退，看不清东西。马可尼常念些报纸或杂志给他听。在交谈中，老人发现马可尼对电报很有兴趣，于是教他学莫尔斯电码。

莫尔斯电码利用"点""划"（实际上就是时间长短不一的电脉冲信号）的不同组合来表示字母、数字和标点符号，用来传递信息非常简便实用。老人教马可尼用手指操作莫尔斯电报键的手柄：发电报时，报务员按下电报键，不同的时间长短，就会产生长短不同的"点""划"和"间隔"信号，经电路传输出去；收报端接到这种电信号后，便转换成嘀嗒声，嘀声为"点"，嗒声为"划"，供收报员收听抄报。例如，3个"点"（嘀、嘀、嘀）代表字母"S"，3个"划"（嗒、嗒、嗒）代表字母"O"，一点一划（嘀、嗒）代表字母"A"，等等。

少年马可尼很快就学会了收发莫尔斯电码。后来，老报务员完全失明了，但他传授给马可尼的这一技能，对这位年轻人日后发明无线电帮助极大。

几度春秋过去，马可尼长成了一个小伙子。他拥有了一个电子科学发明家所必需的知识储备和实干技能。

这个意大利年轻人已经准备好了，只等一声召唤，就能冲向科技的前沿。

1894年春天，这一声召唤终于来了。

4月的一天，20岁的马可尼和哥哥一起去阿尔卑斯山旅游。在他们落脚的度假山庄里，马可尼捡到游客落下的一本电学杂志，如获至宝。上面有一篇德国物理学家赫兹的论文，根据这篇论文，赫兹在7年前就证明了世界上确实存在电磁波。

赫兹是德国青年物理学家，于1894年1月去世。赫兹在论文中详述了他所做的实验，这些实验证明了英国科学家麦克斯韦预言的电磁波确实存在。这种电磁波以光速在空中传播，可以穿过真空、空气、液体和固体。

正如法国科学家巴斯德所说："机遇只偏爱那些有准备的头脑。"

马可尼读完立即想到，这种电磁波可以用于传递信息。利用这种波进行远距离信号发送不需要线路，这就使许多电报完成不了的通信有了可能。不仅如此，利用电波还能把信息传到遥远的地方，可以穿越城市、陆地、湖泊……甚至传到在海上航行的船只上。

赫兹吹响了号角

马可尼随即匆匆结束旅游，返回蓬泰西奥庄园。当天，他就骑着毛驴急匆匆地跑去拜访里吉教授。

马可尼与里吉教授分享了自己读到赫兹论文时的惊喜和激动。

里吉教授却回答他说这并不稀奇。电磁波对马可尼来说是个新鲜事物，但对科技界人士来说，早已人尽皆知。自从1888年赫兹的实验结果公布以来，一些国家的科学家一直在研究它，他们研究出了更好的方法来产生和检测各种不同波长的电磁波。

"先生，如果用这些电波传送信号，不就可以实现无线通信了吗？电波可以载着信号，在空中展翅飞翔，传向远方，传到世界的每一个角落。"马可尼说出了自己的构想。

"这个想法很美妙，但要真正实现，可能性不大。"里吉说。

里吉教授告诉马可尼，他这几年来曾重复了赫兹的全部实验，并对赫兹的装置做了改进。他发现电磁波在传播过程中存在衰减，所以传送的距离有限。这些话充分显示了马可尼与里吉教授的差距。里吉教授不愧是研究电磁波的专家，而马可尼只能算是一个痴迷的业余爱好者。

里吉教授接着告诉他，如果要增大电磁波的传送距离，需要巨大的电力来提高发射功率，并且要增加电磁波的波长。这在当时看来几乎是不可能实现的。

里吉教授有这样的态度并不奇怪，毕竟就连赫兹本人曾经也是这个看法。

就在发现电磁波的第二年，赫兹曾收到一位朋友的来信，这位朋友是位工程师，询问他能否用电磁波来进行通信联系，赫兹不敢确定。赫兹当时也没意识到自己的发现有极高的实用价值。作为一位物理学教授，他和麦克斯韦一样，主要从事理论研究。他探测电磁波是为了检验麦克斯韦的电磁理论，而对于电磁波的实际应用，他还来不及考虑。所以，他在给朋友的回信中写道："如果要用电磁波进行信息传递，大概需要一面像欧洲大陆那样大的反射镜才行。"这个回答，等于否定了朋友的设想。

听了里吉教授的话，马可尼有点儿沮丧，不过他并不死心。

马可尼骑着毛驴，一路颠簸地来到了博洛尼亚大学图书馆，查找有关电磁波和电磁理论的资料。从法拉第、麦克斯韦和赫兹这些科学先驱的专著和文章，到布冉利、洛奇、卢瑟福和特斯拉这些后继者的研究成果，他都千方百计地找来研究。马可尼潜心钻研，从中得到诸多启发。他后来说："当我开始利用电磁波做第一批实验时，我简直不能想象，那些著名科学家竟忽视了这些理论的作用。"

1831 年，法拉第发现了电磁感应现象，用实验证明了闭合线圈里的磁通量发生变化时，可产生感应电流，从而揭开了电和磁互相转化的关系。法拉第的发现为近代电磁学奠定了基础。

法拉第凭直觉预见到电磁感应是一种波动。1846 年，他在《关于光振动的想法》这篇论文中，提出了光的电磁学。在这篇天才的论文中，法拉第提出，电力线和磁力线的振动，可以产生光和其他辐射现象。他由此预言电感应和磁感应是以波的形式向外传播，暗示了电磁波存在的可能。

法拉第的科学思想，后来由比他小 40 岁的英国物理学家麦克斯韦发扬光大。

在马可尼出生的前一年即 1873 年，麦克斯韦出版了科学著作《电磁学理论》，建立起完整的电磁理论。在这部巨著中，麦克斯韦总结了人类对电磁现象的研究成果，他用几个美妙的波动方程概括了电磁的本质，总结出了电荷、电流、电磁和光等自然界中的电磁现象的规律。

就像牛顿的三大定律总结了天上地下的一切运动的本质一样，麦克斯韦这个简短的方程组可以用来描述一切电磁现象。一位奥地利物理学家赞叹它是"上帝的诗歌"。

在《电磁学理论》中，麦克斯韦大胆预见：世界上存在一种尚未被人们发现的电磁波，它无色无形，却充满整个空间。整个世界无处不在的"光"也是一种电磁波，只不过它可以被看见。

麦克斯韦的理论和预言震动了整个物理学界。一些有远见卓识的物理学家奔走相告，为电磁理论的诞生热情欢呼；而一批守旧的学究们却对此持怀疑态度，他们摇着脑袋，望着天空直皱眉头："世界上真有看不见又摸不着、玄而又玄的电磁波吗？"

1879 年冬天，48 岁的麦克斯韦在剑桥逝世。他死后，越来越多的人逐渐认识到电磁理论的价值，他们开始寻找电磁波。

1888 年，德国青年物理学家赫兹经过反复实验，终于发现了电磁波。

赫兹把一根粗铜线弯成环状，在环的两端分别安装两个小金属球，球间的距离可以调整，这样就做成了一个检测电磁波的电波环。赫兹给莱顿瓶充上电，然后把电波环置于离莱顿瓶几米远的位置。一切就绪，他通过一个金属隙让莱顿瓶放电，电荷通过金属隙迸射出耀眼的火花。在这一瞬间，赫兹看见电波环的两个小金属球间有火花闪现！

"啊，电磁波！"赫兹不禁惊呼起来。

这就是人们期待已久的电磁波！一阵狂喜顿时传遍了他的周身，麦克斯韦的电磁理论终于被他证实了。

正是莱顿瓶放电产生的电磁波被电波环接收到，从而激起了电火花。

赫兹的发现引起了轰动，人们把他"逮住"的电磁波称为赫兹波。

电磁波像春风一样吹遍了全球，许多著名实验室都争先恐后地重复着赫兹的实验。不论是电磁理论的拥护者还是反对者都很激动，很多人甚至从其他研究转向了赫兹的实验。博洛尼亚大学的里吉教授就是其中一员。他重复了赫兹的所有实验，并发表论文阐述心得。只不过，他囿于传统观念，没有想到赫兹的发现具有不可估量的价值。

一些有远见的科学家意识到，电磁波的发现不但有重大的理论意义，同时也有很高的实用价值。工程技术人员更是对电磁波深深着迷。

那么，怎样利用这奇妙的电磁波呢？

一批又一批后继者加入到探索无线电的行列中，他们沿着法拉第、麦克斯韦和赫兹开辟的道路奋勇前进，研究队伍日益壮大。

1894 年 1 月 1 日，赫兹不幸死于败血症，享年 36 岁。整个科学界都为他的早逝而惋惜。

赫兹的一生虽然短暂，但是他发现了电磁波及"光电效应"，为无线电发明家们登上舞台吹响了号角，他把从麦克斯韦手中接过的火炬传给了更多的人，在世界物理学史上留下了浓墨重彩的一笔。

群雄逐鹿

　　赫兹的实验为无线电发明家们开辟了广阔的道路。在1888年以后的几年时间里，探索电磁波的应用几乎成了最受欢迎的课题，各国科学家争相研究如何用电磁波传送信息。

　　第一个取得成果的是法国物理学家布冉利。1890年，他在重复进行赫兹实验时，无意中发现电磁波使一个玻璃管里的铁屑的电阻减小了。这个"铁屑效应"的发现对他很有启发，他根据"铁屑效应"的原理改进了赫兹的"接收器"。

　　赫兹检测电磁波的电波环过于简单，实际上只相当于一个单匝线圈。电波环在感应到电磁波的时候，其灵敏度是很低的。因此，赫兹的实验只局限在实验室里。

　　布冉利对赫兹的接收器进行改进以后，制成了金属屑检波器。他把装有细铁屑的玻璃管两头都接上导线和电池。在没有电磁波的情况下，玻璃管里的铁屑是松散的，不能导电；当电磁波辐射到玻璃管上的时候，玻璃管里的铁屑被磁化而贴在一起，能够通过电流，这样就能更好地检测到电波。同年，布冉利利用金属屑检波器使电磁波的探测距离增大到140米。

　　1894年，英国皇家学会会员洛奇对布冉利的发明做了改进。

洛奇，这个长着络腮胡子的教授，跟赫兹和开尔文勋爵都是朋友，早年就对电磁波有相当深入的研究。他把金属屑检波器同继电器、打字机连接起来，组成了一台接收机。在实验过程中，金属屑受电磁波作用贴在一起后，总是不能恢复原来的松散状态。为了解决这个问题，洛奇专门设计了一个部件，这个部件能够自动敲击玻璃管，使金属屑及时恢复原状。

1894 年 6 月 1 日，洛奇利用这一改良装置在英国皇家学会演示电磁波实验。同年 8 月 14 日，他又在牛津大学首次展示用电磁波传送莫尔斯电码，传送距离有 200 多米远。洛奇的检波器在早期的无线电研究中发挥了巨大的作用。

遗憾的是，身为利物浦大学的教授，洛奇的教学工作十分繁重，他无暇把自己的研究进一步应用到无线电报方面。但是，他在英国皇家学会的会议和大学讲台上，做了多次关于检测电磁波的演讲，有力地推动了无线电的研究工作。

洛奇在英国进行实验的同时，远在太平洋中的新西兰，坎特伯雷学院一个四年级的大学生卢瑟福也在改进布冉利的检波器。

卢瑟福当时 23 岁，正在准备学士学位的考试。坎特伯雷学院虽然设备简陋，对学生的要求却很严格：学生要通过学位考试，一定得写出有独到见解的论文才行。

卢瑟福选择的是"赫兹波的研究"。教学楼有个简陋透风的地下室，被学生们称为"小破棚"，平时只用于挂衣帽。卢瑟福就把这间"小破棚"当成实验室，用最简单便宜的材料，自己制造所需的仪器。

在实验中，他对布冉利的检波器不大满意，就动手进行改进。经过半年多的努力，他采用高频电流使铁针磁化的办法，巧妙地制作出了一种磁性检波器：一个中心放着一束磁化过的细钢针的线圈。当电磁波到达线圈时，线圈的感应作用可以使钢针暂时失去磁性，从而达到检测的目的。比起布冉利的金属屑检波器，卢瑟福的磁性检波器的灵敏度要高得多。

1894 年，卢瑟福发表了毕业论文《用高频放电法使铁磁化》，这篇论文引起科学界的广泛关注，卢瑟福因此顺利获得了理科学士学位。世界各国的科学家几乎都知道了卢瑟福的名字。这一年，卢瑟福还在一座 18 米长的工棚里进行了电磁波收发表演。有人把这次表演中收发的信号称为"越过新西兰上空的第一份无线电报"。卢瑟福比洛奇小 20 岁，当时很多人都认为他最有希望发明无线电。

美洲大陆也不甘落后。几乎与此同时，纽约一位面庞清瘦、目光炯炯有神的中年电学家特斯拉发表了电磁波接收的调谐原理，并且用无线电波启动了远处的电灯开关，点亮了 10 米外的一盏电灯。

特斯拉是一个科学奇才，也是一个怪杰。他性情古怪，行为乖张，终身未娶。他是交流电和工业电气化的先锋，发现了旋转磁场，发明了感应电机、太阳能发电机、冷光灯、电子钟、机器人和电子治疗仪等，一生有近千项专利，在机电工程、无线电工程、流体工程、低温工程、地球物理和真空技术等领域均有前瞻性的发现，被称为"科学超人""为地球通电的人""发明了 20 世纪的人"。

1856 年，特斯拉出生于克罗地亚。他在 20 多岁时发明了感应电机，苦于在欧洲找不到支持者，他变卖了自己所有的东西，攒够路费，于 1884 年来到美国。他先是给爱迪生打工，后因与爱迪生的观点产生分歧，屡受打压，愤而辞职，自立门户。

他精通 8 种语言，博学多才，思维敏捷，朋友们称他是"当代的达·芬奇"。在赫兹发现电磁波的那年，特斯拉倡导使用交流电，掀起了一场电气革命，并且最后战胜了主张使用直流电的赫赫有名的对手爱迪生。1893 年前后，特斯拉对无线电传送信息产生了兴趣，做了很多遥控方面的实验，如点亮远处的电灯和驾驶快艇模型等。虽然这些实验对后来的一些无线电发明家没有直接影响，但是它们预示了无线电广播和新闻传真的可能性。

在探索电磁波的应用、向无线电进军的行列中，除了布冉利、洛奇、卢瑟福和特斯拉这4位著名科学家以外，还有很多名不见经传的探索者。虽然他们没有惊人的发现，但是他们每一次微小的成功和失败，都是可供后人借鉴的宝贵经验。

在科学的征途中，谁不辞辛劳，谁就有希望达到终点；谁善于吸取和总结前人的经验，谁就有可能成功。马可尼和波波夫就是其中的佼佼者。

第三章 | 崭露头角
雄心勃勃的迟到者

中国有句古话："临渊羡鱼，不如退而结网。"

马可尼了解到布冉利、洛奇、卢瑟福和特斯拉这些科学家取得的成绩，按捺不住心头的激动，决定奋起直追。他虽然是后来者，但雄心勃勃，不甘于人之后，下决心要超过他们。

马可尼把自己的打算告诉了母亲，安妮对儿子的想法非常支持。

"你需要什么帮助尽管讲。"她说。

"我需要一个像样点的实验室，还要一些钱来买器材。"马可尼实话实说。

"让我想想办法。"

安妮瞒着丈夫，在别墅顶楼找了间储藏杂物的房间，作为马可尼的秘密实验室。这间屋子原来堆放着一些养蚕的扁筐，很少有人进来。安妮叫马可尼把扁筐摞起来堆在墙角，在屋子中间清理出一块空地，用于摆放实验桌和实验所需的其他东西。推开桌子旁边的窗户，可以看到花园里的玫瑰和远处的群山。

马可尼在这张小长桌前度过了少年时代的许多日日夜夜，也在这里经历了很多次失败。父亲常常嘲笑他是个"不切实际的空想家"，他却毫不气馁。买器材需要钱，安妮就想办法给儿子凑齐。马可尼用这些钱买来玻璃瓶、锡箔纸、铜导线、伏打电池和金属板等实验器材。当然，这只能算是启动资金，做实验花销很大，后续的经费只有到时候再想办法了。

一切准备就绪。就在这个简易实验室里，马可尼开始了他的伟大事业。他整天躲在自己的小天地里，想方设法将自己的构想付诸实践。他的第一个计划就是重复赫兹的实验。

马可尼把莱顿瓶里的金属棍连上导线，再通过一个开关和电池，将导线连在两块立着的黄铜板上，两块铜板之间留出一个很窄的间隙，即火花隙。他的"发射装置"就大功告成了。

他在几米远的地上放上一个用铜导线弯成的电波环，环的两端之间留出了很小的间隙，这就是他的电波检测器，或者说是"接收机"。

马可尼在莱顿瓶里装上水，然后接通开关和伏打电池，让莱顿瓶放电。只见两块黄铜板的间隙，顿时迸射出一串细小的火花。

他目不转睛地盯着几米外的电波环，环上却没有火花闪现。

"这是怎么回事呢？"马可尼感到诧异。

赫兹实验是可以重复的。为什么自己却没有做成功呢？

他重试了几次，结果依然如此。

问题究竟出在哪里？马可尼坐在实验台前，冥思苦想。最后他想：会不会是莱顿瓶的储电量不足，致使莱顿瓶放电时迸射的火花太弱？

于是，他把几个莱顿瓶并联起来，换上更大的伏打电池，重新进行实验。

但是，电波环两端的间隙仍然毫无动静。

一连几天，马可尼都没有收获。

马可尼有点儿失望："也许不是电波发射的问题。"他一边琢磨，一边拿起地上的电波环检查。他试着把环掰得更圆些，再把两端的间隙尽量调小。然后，他接通电源让莱顿瓶放电，电波环仍然没有反应。

马可尼仍不死心。他皱着眉头，在屋里徘徊，心里默默念叨："赫兹能成，我也能成！赫兹能成，我也能成……"

突然，他的视线落在屋角的一堆杂物上，两眼一亮：扁筐堆旁露出一块厚厚的帆布，上面积满了灰尘。马可尼隐约记得，有一篇介绍赫兹生平的文章说，赫兹最初是受萤火虫的启发，在一间黑屋子里检测到微弱的电磁波的。

好一个聪明的赫兹！马可尼立即扯出帆布，掸了掸灰尘，然后用它把房间的窗户遮住。实验室顿时变成了暗室，房间里黑咕隆咚的。

马可尼摸索着，小心翼翼地重复先前的实验。

他接通电源，在莱顿瓶放电的瞬间，两块黄铜板的间隙迸射出耀眼的火花。一刹那，只见几米外电波环两端的间隙仿佛也有火花闪现。

马可尼抑制住内心的惊喜，再次接通电源。他定睛细看，电波环两端的间隙并没有火花闪现。

难道刚才是眼花了？

马可尼继续重复实验，可电波环像是在和他捉迷藏，一会儿似乎隐约有火花闪现，一会儿却什么也没有。为了看个究竟，马可尼不断缩短电波环和莱顿瓶的距离，从 5 米减到 3 米，再从 3 米减到 2 米、1 米，最后他索性把电波环摆上实验台，距两块黄铜板只有几厘米远。

他再次接通电源，在莱顿瓶放电的瞬间，两块黄铜板的间隙迸射出耀眼的火花。在这一瞬间，旁边电波环两端的间隙明显有火花闪现！

马可尼又试了一次，电波环两端的间隙再次有火花闪烁。

他终于明白：原来是距离在作祟！距离远了，电波环检测不到微弱的电波信号。而在几厘米的距离内，他完全成功地复制了赫兹的实验。这给了马可尼莫大的鼓励，尽管通信距离只有可怜的几厘米。

这次实验的成功令马可尼兴奋不已。

门铃响了

一连几天，吃午饭时餐桌上都看不到马可尼的身影。

朱塞佩·马可尼感到奇怪。

"古列尔莫这小子去哪儿了？"他问。

安妮喝着杂菜汤，假装没有听见。

"阿方索，你知道古列尔莫去哪儿了吗？"朱塞佩·马可尼问大儿子。

"他……"阿方索嘴里嚼着肉酱饼，欲言又止，安妮急忙给他递了个眼色。

"他最近好像有点儿忙。"阿方索含糊其词道。

"又在忙什么？"朱塞佩·马可尼板着脸，不悦地说，"还在搞那些异想天开的玩意儿吧？"

"早晨我还看见古列尔莫了，"安妮替儿子打掩护，"也许去里吉教授家借书了。"

"里吉老先生总不会提供免费午餐吧。"他有些不相信。

安妮用手帕擦了擦嘴角，笑而不语。

"都 20 岁的大小伙子了，整天不干正事。"朱塞佩·马可尼数落起来。

"古列尔莫有自己的爱好，也是好事。"阿方索为弟弟说话。

"整天连个人影都见不到，是什么好事呀？"朱塞佩·马可尼更加不满。

"这几天我看见他满面红光，就像中了头彩似的……"阿方索无意中透露了一句。

"他要真是捡到了金娃娃，就在大家面前亮个相嘛。"朱塞佩·马可尼挖苦了一句。

"金娃娃倒是没看他捡到，"安妮接过丈夫的话茬，露出神秘的微笑，"古列尔莫捡到的东西，说不定比金娃娃更值钱呢。"

"你说的是真的？"朱塞佩·马可尼从妻子的话里听出了点不寻常的信息。

"我也是瞎猜的，到时候就知道了。"安妮说。

其实，她知道小儿子的行踪。这些天，马可尼一直躲在顶楼实验室里，废寝忘食地钻研如何改进赫兹的实验。

1894 年秋天，经过无数次的失败，马可尼终于迈出了可喜的第一步。

为了增大电波传递的距离，马可尼对发射装置进行了改良。他采用了一种新的发射装置，比莱顿瓶的效果好。这是里吉教授研究赫兹实验时积累的经验，老先生毫无保留地传授给了他。这个新发射装置的核心是一个感应线圈，可以感应强大的电力，从而增大电波发射的功率。

说起来，这还是法拉第的功劳。因为是他发明了感应线圈，并且正是在感应线圈的基础上，法拉第才发明了第一台发电机。

马可尼根据里吉教授的提示，在一根缠着绝缘布的铁棒上绕上若干圈铜导线，然后在第一层线圈（即初级线圈）上再绕上第二层线圈（又称次级线圈）。两层线圈之间是绝缘的。这样就绕制成了一个感应线圈，看上去就像一个大圆滚筒。马可尼把感应线圈的初级线圈和莫尔斯电报键、电池连在一起，再把次级线圈同金属球火花隙连在一起，一个新的发射装置就做成了。只要按下莫尔斯电报键，初级线圈接通电源，次级线圈会感应到很高的电压，金属球火花隙就会迸射出火花，从而发射电波。

马可尼用电波环作接收机进行实验，逐渐增大电波环和发射装置的距离，到 1 米远处，在电波环的间隙仍能看见火花闪烁。可是，再放远一点儿就不行了，这说明用电波环来检测电波，灵敏度太低了。

马可尼决定淘汰电波环，采用灵敏度更高的检波器。他自然想到了那位法国的先行者——布冉利教授。

马可尼从资料上查到，布冉利发明的金属屑检波器是在一根装满金属屑的玻璃管的两端接上导线和电池。在没有电磁波的情况下，玻璃管里的金属屑是松散的，不能导电。当电磁波辐射到玻璃管上的时候，玻璃管里的金属屑被磁化，会粘在一起，能够通过电流，从而起到检测电波的作用。资料上说，布冉利教授使用这个小东西在 140 米远的地方检测到了电磁波。

布冉利的金属屑检波器，玻璃管内装的是铁屑。马可尼如法炮制，用细玻璃管和铁屑制成了金属屑检波器。他把金属屑检波器、蜂鸣器、电池用导线连在一起，新的"接收机"就制成了。一旦检波器里的铁屑被电磁波磁化粘在一起，就会导电，蜂鸣器就会发出鸣响，这比察看电波环间隙的火花的方法更加准确可靠。

马可尼把感应线圈、莫尔斯电报键、伏打电池和金属球火花隙连接起来作为发射装置，安放在实验台上，然后在房间另一角摆好金属屑检波器、伏打电池和蜂鸣器。他用脚步丈量了一下，两处相距约 5 米。

马可尼端坐在实验台前，操作发射装置。他屏声凝神，按下莫尔斯电报键，感应线圈里产生了强大的电流，只见金属球两端的间隙迸射出强烈的火花。

一刹那，屋角的金属屑检波器好像抖了一下，蜂鸣器突然嘟嘟嘟地叫了起来！

马可尼又惊又喜，激动不已。

他再次按下电报键，蜂鸣器又叫了起来。

马可尼兴奋地重新检查了一遍实验台上的装置，包括伏打电池和连接的导线，都正确无误。他再一次按下莫尔斯电报键，蜂鸣器又一次叫起来。

这时已是午夜时分。在一次又一次的重复后，马可尼终于抑制不住内心的激动，跑到楼下向母亲报喜。安妮正在熟睡中，马可尼摇着她的手臂，悄悄地将她唤醒，然后急忙领着她来到顶楼实验室。

马可尼让母亲站在房间中央，自己走到实验台前，操作发射装置。他比了个手势，示意母亲留意听。然后，马可尼按下莫尔斯电报键，电源接通了，角落里立即传出"嘟嘟嘟"的叫声。

安妮非常惊奇，循声望去，看见放在角落里的电池和蜂鸣器，还有一个黑黢黢的玻璃管，不知是干什么用的。

马可尼得意扬扬，向她解释说："妈妈，那是接收机，只要接收到电波信号，蜂鸣器就会叫起来！"

"儿子，你成功啦！"安妮替他高兴。

"这只是实验的第一步。"马可尼回答。他的目标是让电波一次比一次传得更远。可喜的是，他已经迈出了重要的一步。

接下来，马可尼不断改进他的装置，继续做实验，电波的传递距离也在不断增大。几个星期以后，电波信号已能够穿过走廊，传到楼顶的另一个房间。

这时候，马可尼觉得可以公开展示自己的成绩了。

他把接收机的部件稍微做了一下调整，把蜂鸣器换成了电铃。这个电铃就是之前安装在他家门口的门铃。电铃的响声听起来比蜂鸣器的声音更清脆响亮，效果更佳。马可尼悄悄把金属屑检波器和电池放置在别墅大门内，再用导线将它们与电铃连接起来。当金属屑检波器接收到电波信号，电路接通，电铃就会响起来。

准备工作是瞒着父亲进行的，马可尼事先与母亲通了气。等小儿子准备就绪，安妮才告诉丈夫，今天家里有精彩表演。

"什么表演啊？"

"正午 12 点，咱家的门铃会响。"

"这有什么奇怪的？喊个仆人 12 点整按门铃，不就得了。"

"我说的是门铃会自动响起来。"

"自动响起来？天上又没有雷雨。"朱塞佩·马可尼想起小儿子上次的行为，半信半疑地说，"我倒要看看。"

于是，朱塞佩·马可尼端坐在客厅里，喝着茶，等待奇迹发生。安妮和阿方索坐在一旁，母子俩面带微笑，心照不宣。

客厅里有一座花梨木落地钟，玻璃橱内的黄铜钟摆缓缓地摆动着。时间一分一秒地过去，朱塞佩·马可尼气定神闲，看上去若无其事，他并没有把妻子的话当真，只当是做个游戏。

当落地钟的指针指到 12 点时，果然，门铃响声大作。

朱塞佩·马可尼霍然起身，上前推开大门，可是门外连个人影也没看见。

"这倒真是奇了！"他一脸困惑，回头瞧了安妮一眼。

安妮笑眯眯地走过来，指了指门后的角落。朱塞佩·马可尼定睛一看，发现那里藏着一个伏打电池和玻璃管，用导线和门铃连在一起。

"这是古列尔莫的接收机，"阿方索向父亲揭开了弟弟的秘密，"它一接收到电波信号，门铃就会响。"

"啊！原来是这么回事。"朱塞佩·马可尼恍然大悟，面露喜色。

"这小子人呢？"他问。

"他在顶楼，正在操作他的发射装置，发射电波信号。"阿方索回答说。

"走，瞧瞧去吧。"安妮动员丈夫上楼。阿方索也跟在后面。

朱塞佩·马可尼来到顶楼的储藏屋，发现这里早已成了马可尼的实验室。靠窗的小长桌是个实验台，上面摆着一台简陋的发射装置。

安妮叫儿子当场演示。马可尼一按莫尔斯电报键，楼下客厅里就传来一阵门铃声，而楼上和楼下的装置间并没有用导线相连。这是马可尼第一次当着父亲的面演示无线电信号传送。母亲看见儿子的研究有了成绩，高兴得嘴都合不拢了。

朱塞佩·马可尼亲眼看见"空想家"搞出点名堂来了，以前憋在肚子里的火气和不满都抛到了九霄云外。他拍着马可尼的肩头，夸奖了一句："你小子果然捡了个金娃娃啊！"

从这以后，父亲慷慨解囊，给马可尼买实验器材，让他专心做实验。马可尼再也不用偷偷向母亲要钱了。

| 报信的枪声

马可尼初战告捷，信心倍增。他相信只要对收发装置做进一步改进，就能让电波的传送距离更远。他的下一个目标是把传送距离增大到 140 米，追平布冉利教授的纪录。

马可尼把金属屑检波器、伏打电池和电铃组装在盒子里，制作成一个可以携带的接收机。他在别墅花园的草地上布置好接收机，位置正好对着顶楼实验室的窗户。

马可尼动员哥哥阿方索给自己当助手，让哥哥蹲在接收机旁边监测电铃。他向阿方索交代说："如果你听见电铃响，就朝我挥动小旗。"然后，马可尼直奔顶楼实验室。

阿方索真是个好哥哥，竟然乐意给比自己小 9 岁的弟弟跑腿，当实验助手。

一切准备就绪，马可尼按下发射装置的莫尔斯电报键，探出脑袋向窗外张望。只见阿方索手里捏着小旗，蹲在原地毫无反应。

马可尼冲着草地大喊："哥，电铃响了吗？"

阿方索抬起头，大声回答："没有响啊！"

"怎么搞的呀？"马可尼有些纳闷儿。

"你再按电报键试一试。"阿方索向马可尼挥手示意。

"好的，你留意听！"

几个在花园里干活儿的工人，闻声都围过来看热闹。

马可尼检查了一遍发射装置，确认连接无误。然后，再次按下莫尔斯电报键。在花园的草地上，阿方索屏气凝神地蹲在接收机旁，电铃仍然没半点动静。

马可尼的脑袋又出现在窗口。

"哥，响了吗？"他大声地喊道。

"没有响。"阿方索摆摆手。

他反复试了好多次，都徒劳无功，阿方索一次都没有挥动手里的小旗。这说明一个事实：接收机确实没有收到电波信号。

很显然，不是发射装置的辐射功率不够，就是接收机的灵敏度太低。

马可尼一溜烟跑下楼，直奔花园的草地。阿方索和几个工人正守候在接收机旁。马可尼匆匆地向他们点头致意，然后仔细检查了一下接收机的各个部件，都没发现问题，连线也是正确的。在无意间，马可尼感觉检波器看起来有点儿不顺眼，这是一种直觉。他蹲下来仔细检查，发觉检波器里的铁屑疏密不匀，有一些还粘在玻璃管内壁上。以前在做实验时他也发现过这个现象，但没有特别注意。

马可尼立即思索：问题会不会出在这里呢？

毕竟检波器是接收机的关键，会直接影响接收的灵敏度。而金属屑检波器里的铁屑不均匀，很可能直接影响检波器性能的稳定。

马可尼抱起接收机，对阿方索说："哥，收工！"

"怎么，今天不试啦？"阿方索有些不甘心。

"我要再改进一下。"马可尼说。

"好吧。"阿方索帮忙收拾起来。

"少爷，你这是在做什么实验呀？"工人好奇地问。

"无线电！我要让电波信号从空中传过花园，再传过整个蓬泰西奥庄园。"马可尼回答说。

"啊，少爷，这能行吗？"

"能行，大家等着我的好消息吧。"

在接下来的日子里，马可尼反复实验，潜心研究，对布冉利金属屑检波器进行了重要改进。他舍弃了布冉利检波器里的铁粉屑，换成了其他的金属材料，并用各种方法获得了颗粒更细、更均匀的金属屑，并一一进行实验。

漫长的冬季过去了。经过几个月来无数次的探索和实验，马可尼终于找到了检波器中金属屑的最佳材料，即在镍粉中再加入少量的银粉，把两者碾细后均匀混合在一起，装在检波器里。在多次实验中，这种改进后的金属屑对电波的反应是最灵敏的。

马可尼还改进了金属屑检波器的结构，他在玻璃管的两端装了两块银质接线块来连接导线，在接线块中间的空隙里装满镍粉和银粉。由于金属银具有良好的导电性，检波器接收的灵敏度因此得到很大提高，性能也更稳定。最后，马可尼把检波器玻璃管抽成真空，进行密封。这样一来，他的金属屑检波器的灵敏度得到进一步提高，金属屑能感应到真空里最微弱的电波信号。

1895 年的春天来临了。马可尼使用改进的金属屑检波器接收机，在格里福内别墅花园里进行了一次非常精彩的电波传递信号实验。

实验地点和上次一样，并且仍然是哥哥阿方索给他当助手。围观的人比上次多了一倍，大家都想一睹古列尔莫少爷的无线电发明奇迹。

马可尼在顶楼实验室调整好发射装置，胸有成竹地朝窗外望了望。阿方索和围观者站在接收机旁边，正翘首期盼。

一切准备就绪，马可尼按下发射装置的莫尔斯电报键，探出脑袋向窗外张望。只见阿方索举起手里的小旗，向他挥舞起来。

"成功啦！"马可尼喜不自禁。

他冲着草地大喊："哥，电铃响了吧？"

"响啦！"阿方索高声回答。人群顿时沸腾起来。接下来，马可尼叫阿方索把接收机移到与顶楼实验室相距 200 米的地方。

在顶楼实验室，马可尼按下莫尔斯电报键，然后从窗口望去，只见在草地边缘处，阿方索在挥动手中的小旗。

马可尼大喜，这表明电波信号穿过了草地。

随后，阿方索一点点地把接收机往更远的地方移动，接收机依然能收到电波信号。电波信号的传送距离，一直增加到 300 米远。这之后阿方索再增大接收机放置的距离，电波就接收不到了。

马可尼创下了电波信号传送 300 米的纪录，已经超过两位无线电前辈布冉利和洛奇教授。但马可尼并不满足，他又向更远的传送纪录发起了冲击。

马可尼决定对自己的金属屑检波器再次进行改进。在多次实验中，马可尼发现，有时检波器中的金属屑聚集以后，不能马上恢复原来的松散状态，这会影响检测电波的灵敏度。于是，他借鉴洛奇教授的经验，在接收机中安装了一块电磁铁。只要电流通过金属屑检波器，这个电磁铁就会吸引一根装有一只小锤的细软铁棒，小锤会轻轻敲击金属屑检波器的玻璃管，金属屑马上就能恢复成松散状态。马可尼把这个装置称为"散屑器"。

虽然这只是个小小的改进，效果却非常显著。电波信号传送的距离一天比一天远，马可尼喜出望外。夏天到来的时候，马可尼的实验获得了突破性的进展。

由于传送距离增加，接收机已经可以到达马可尼的视线之外，远至隔着一座小山冈的位置，挥动旗子根本看不见。于是，马可尼和哥哥约好，收到电波鸣枪为号。

于是，阿方索身挎猎枪，有个年轻人给他当随从，把接收机放置在小山坡后的树林里。

发射装置仍然放置在别墅的顶楼实验室里，马可尼从窗口探出脑袋，眺望了一下远处的小山坡，他的接收

机就在山坡后的树林中。电波能传到那里吗？他的内心满是希望和忐忑。

一切准备就绪。马可尼收回投向山坡方向的目光，小心翼翼地按下莫尔斯电报键。他凝神倾听，四周一片寂静。正当他感到失望时，一声清脆的枪响从山坡方向传来，悠悠回荡。这响声对马可尼来说比交响乐更悦耳动听！

声音在空气中的传播速度约为每秒340米，他按下电报键后，大约延迟了3秒才听到枪声。这意味着，鸣枪的地点距此约有1000米远！马可尼不由大喜，他意识到自己创下了电波信号传送距离的新纪录。

马可尼平复了自己的情绪，再次按下莫尔斯电报键，静静等待。大约3秒之后，又一声枪响从山坡那边传来，穿过树林，越过葡萄园，清晰地传到自己的耳中……

马可尼激动得热泪盈眶，不禁欢呼雀跃。

这声枪响标志着无线电时代的开始。如今在那个接收点还有一个水泥十字标志，以纪念这历史性的一刻。

电波越过山丘

在马可尼不断改进装置使电波传送距离越来越远时，有不少研究者在电磁波方面也取得了成果。但是他们的研究课题大多偏向理论，专注于探究电磁波的特性，例如电磁波是如何反射和折射的，它为什么会产生衍射及偏振，它和光及热辐射的关系，等等。他们进行实验的目的是为理论提供数据支撑，将研究成果写成论文，公开发表或在学术会上宣读。总之，他们是在做学问。

马可尼和这些研究者有很大的区别。作为一个业余无线电发明家，马可尼关注的不是理论，而是实践。他从一开始目标就非常明确：让电波传得更远，并用它来传递信号。正像他对里吉教授说的："如果用这些电波传送信号，不就可以实现无线通信了吗？电波可以载着信号，在空中展翅飞翔，传向远方，传到世界的每一个角落。"

他投入了全部热情，努力朝这个目标迈进。虽然他起跑比别人迟，但却跑到了最前面。

1895 年 9 月，马可尼的实验又获得了很大的进展。

他对火花隙发射装置进行了改进，一方面增大了感应线圈的辐射功率，这样可以使电波辐射得更远；另一方面，他在发射装置上装了 4 个金属球，其中 2 个金属球形成火花隙，又用铜棒把这 2 个金属球分别与另外 2 个连起来。至于外边的 2 个金属球，他还给它们连上了一块正方形薄铁板，作为电波发射的天线。这块正方形薄铁板是马可尼用一个展开的煤油桶制作的，看上去一点儿也不起眼，却有令人意想不到的效果。发射装置连上此天线后，信号变得非常强烈，电波传送距离陡然增加了几百米！

天线的这种奇特作用是马可尼的意外发现，他本来是把薄铁板置于发射装置的后面，用于反射电波，这样可增强电波向前面辐射的强度。有一次，马可尼手里拿着薄铁板，不经意间和火花隙处的铜棒碰在一起，结果信号突然变得很强。

马可尼非常兴奋。他索性用导线把薄铁板连着铜棒，再把薄铁板举过头顶，信号就变得更强。马可尼喜出望外，他反复进行实验，发现正方形薄铁板的面积越大、离地面距离越远，信号传送得越远。实验时，他在接收机上也安装了天线，接收机的灵敏度明显增强。

于是，马可尼迅速改造了这套无线电实验装置：他在工作台的右边放置了感应线圈和莫尔斯电码键盘，连着地上的电池，工作台左边是金属球火花隙，用导线连着感应线圈的次级线圈，在工作台上方安装了正方形薄铁板作为天线。

蓬泰西奥庄园满目秋色。田野里一派丰收的景象，葡萄熟了，远方山丘的树林点缀着橙色、金色和红色。

马可尼和他的实验团队继续稳扎稳打，向前迈进。

每天，哥哥阿方索都戴上一顶鸭舌帽，挎着猎枪，在田野和树林里跋涉，把实验地点一步步向远方推进。一个瘦高的青年工人抱着接收机，紧跟在他后面。另一个胖花匠则扛着接收天线殿后。这3个人的队列成为蓬泰西奥庄园的一道风景线。路过的外村人还以为他们要进森林去打猎呢。庄园的农夫们都知道，这是古列尔莫少爷在进行他的无线电发明实验。马可尼的实验一时成了大家讨论的热门话题。

"听说电波已传到山脚下的葡萄园了。"一个伙计说。

"电波能翻过山丘吗？"另一个伙计问道。

"我看能行，古列尔莫少爷说，只要肯下功夫钻研，天下没有办不成的事。"

几天后，阿方索把接收点选在山丘的另一侧，那个地点距离格里福内别墅约有2千米。

发射装置还是放置在格里福内别墅顶楼的实验室。马可尼从窗口望去，隐约看见哥哥他们的身影翻过山丘，消失在山脊后面。

他静静等待了几分钟，估计哥哥他们已经各自就位。然后，马可尼按下了莫尔斯电报键。他侧耳聆听，大约过了 8 秒，山谷里传来一声清脆的枪响，悠长的回声久久飘荡在空中。

实验成功了！一股热流涌上马可尼的心头，他沉浸在成功的喜悦中。

在这次成功的实验中，马可尼把电波的传送距离扩大到了约 2.4 千米。史料显示，这是 1895 年全球无线电信号传送的最远距离，尽管它不是公开实验的纪录——如果当时举行无线电爱好者和发明家电波传送的世界大赛，马可尼稳拿冠军。

马可尼渴望进一步进行实验，使自己的发明能够得到应用。这需要大笔的经费和政府的支持。于是，马可尼写信给意大利邮政部请求资助，并表示愿意把这项发明捐献给祖国。父母亲都很支持马可尼这样做。

信发出后，马可尼满怀希望地等待回音。几个星期后，邮政部给马可尼回复了一封简短的便函，拒绝了他的请求。当时的意大利政府正热衷于开发陆上电报和海底电缆，对马可尼的发明不感兴趣。据说一个邮政部官员曾取笑他："一个 21 岁的博洛尼亚小子说，他发明了不用导线通信的无线电，这简直是天方夜谭！"

马可尼读了回信后，大失所望，受到很大的打击。

阿方索很理解弟弟的心情，大骂意大利邮政部的官僚主义："这帮鼠目寸光的官僚，全是不学无术的家伙。"

母亲安妮为儿子打气，叫他不要气馁。

"也许你去英国会有更多机会。"她说。安妮的娘家在英国那里有许多亲戚，人脉颇广，其中有人和工程技术界的人士熟识，所以母亲主张马可尼去英国发展。

父亲也赞同这个提议："不妨去那里碰碰运气。"

于是，1896 年 5 月，安妮和马可尼母子二人带着一大批器材，起程去英国。

为了使无线电发挥实用价值，为大众服务，22 岁的马可尼暂别故乡，踏上了新的征途，这是影响他今后事业发展的关键一步。

第四章 | 赴英国发展
波波夫捷足先登

就在马可尼乘船赴英国的前两个月，37岁的俄国发明家波波夫登台亮相，在俄国物理化学协会年会上演示了用无线电传递莫尔斯电码。波波夫的表演引起了轰动。虽然通信距离只有约250米，但这是世界上第一份无线电报。

消息传来，马可尼对波波夫心生敬意，同时自己又有一种紧迫感。

"不能落后，我一定不能落后！"马可尼暗暗给自己打气。

波波夫于1859年3月出生在俄国乌拉尔一个矿区的小镇上，父亲是一位神职人员。波波夫小时候爱到矿场去玩，矿场的一切都使他感到新奇。他很小就学会了木工技术，能够制作出好玩儿的水磨机械模型。12岁那年，波波夫表现出对电工技术的热爱，自己做了电池，还用电铃把家里的钟改装成闹钟。小学毕业以后，父亲把他送进神学中学读书，这是为了让他将来进神学院深造。但是，波波夫对物理和数学最感兴趣，这两门功课的成绩都很出众，连校长也感到惊异。

1877年，18岁的波波夫考进了圣彼得堡皇家国立大学（现为圣彼得堡国立大学）数学物理系。在大学，他学习非常刻苦。

家里供不起他上学，他就谋了份在晚上担任家庭教师的兼职，有时还给电灯公司当电工，靠半工半读来维持学业。

在圣彼得堡皇家国立大学，波波夫总是不满足于课本知识，常常提出一些新奇的创意。那些平庸死板的教授并不赏识这个"不安分守己"的学生。波波夫意识到在圣彼得堡皇家国立大学不能发挥自己的才能，就转学到圣彼得堡林业大学学习。这个大学虽然不像圣彼得堡皇家国立大学那样有名，但是师生关系融洽，学术思想比较活跃。在这里，波波夫曾有一段时间热衷于研究炸药，这是一项很危险的研究工作。瑞典著名科学家诺贝尔曾经为发明炸药九死一生，他的弟弟就是在实验中被炸死的。波波夫尝试利用炸药在森林里开路，也险些丧命。后来，他成功研制出用电线遥控炸药的方法，同学们都称他为"炸药专家"。

1882年，23岁的波波夫大学毕业，成绩优异。第二年，他被喀琅施塔得水雷学校请去当教员。这个学校离圣彼得堡不远，它的实验室在当时的俄国是数一数二的，有很多精密的电学仪器。波波夫在学校除了教学任务以外，还引导学生进行电磁方面的研究。他到水雷学校不久，就成了很受欢迎的讲师。

他充分利用学校良好的教学条件，在电磁实验方面积累了丰富的知识。他还在学校参加过观测日全食的活动，当过电灯公司的电气技师，热情推广电灯。有一天，有个朋友问他的理想是什么，他回答说："我要走遍全国，为整个国家带来光明。"

1888年，波波夫29岁。当赫兹发现电磁波的消息传到俄国，波波夫也被强烈地吸引了。他兴奋地说："即使我用一生的精力去装设电灯，对广阔的俄国来说，也只不过照亮了很小的一角。但如果我能够指挥电磁波，就可以飞越整个世界！"波波夫的理想改变了。

就在第二年，波波夫成功重复了赫兹的实验。在一次公开的演讲中，他提出了用电磁波进行无线电通信的设想。

波波夫怀着新的理想，在学校实验室里埋头研究，制作了很多电磁波实验方面的仪器。期间，布冉利和洛奇的研究工作对他也有不少启发。

1894年，35岁的波波夫制成了一台无线电接收机。

这台接收机的核心部分，是一个被改进过的金属屑检波器，它跟洛奇的检波器有异曲同工之妙。不过，波波夫认为使用打字机不方便，他改用电铃作为终端显示，电铃的小锤可以把检波器里粘在一起的金属屑震散。电铃用一个电磁继电器带动，当金属屑检波器检测到电磁波时，继电器接通电源，电铃就会响起来。

这台接收机同洛奇的那台结构相似，灵敏度却高得多。波波夫的独特贡献，是首次在接收机上使用了天线。有一次，波波夫在实验中发现，接收机检测电波的距离相比平常有了明显增加。他感到很奇怪，很久都找不出原因。后来，他突然看见一根导线碰到了金属屑检波器。波波夫把导线拿开，电铃就不响了，可是把实验距离缩小到原来那样近，电铃又响起来。

这个意外的发现使波波夫喜出望外。他索性把导线接到金属屑检波器的一头，并且把检波器的另一头接地，结果实验距离大大增加。这根导线就是世界上的第一根天线。波波夫的这个发现意义重大，同布冉利发明金属屑检波器的价值不相上下。

波波夫首先把他的接收机应用在检测雷电方面。他把这台机器称为"雷电记录仪"，也就是说，波波夫当时的实验局限在气象观测上，还没有发展到无线电通信领域。

事实上，这类实验是相当危险的。一个多世纪以前，富兰克林曾经冒着生命危险做人工传导雷电的实验，他获得了成功并且很幸运地没有受伤，而俄国科学家利赫曼在实验中却不幸被雷击中身亡。现在，波波夫也勇敢地同雷电打起交道来，只不过他用的不是风筝，而是自己发明的接收机。他把莫尔斯电报机接在机器上，电报纸条成了他的记录器。

1894年6月一个雷雨交加的夜晚，波波夫冒着危险，用他的接收机成功地记录下了空中的闪电。这和马可尼15岁时在格里福内别墅制作的"雷雨报警铃"可以说是不谋而合。只不过，波波夫的实验更专业一些。

1895年5月7日，波波夫在俄国物理化学协会的物理分会上，宣读了论文《金属粉末与电振荡的关系》，并且展示了他发明的无线电接收机。

波波夫沉着地在大厅的讲台上放置好接收机，他的助手雷布金在大厅的另一头操作火花式电磁波发生器。雷布金比波波夫小5岁，精明干练。波波夫的接收机由金属屑检波器、电铃、继电器、记录器和一根垂直的天线组成。当雷布金接通发生器时，接收机的电铃立刻就响起来；当断开发生器时，铃声随之停止。当时，出席会议的都是物理学界的知名人士，其中有的人思想保守，原本不相信电磁波能够传递信号，但这次耳闻目睹，不由得信服了。一个当初持反对意见的科学家还上台同波波夫握手，向他表示祝贺。

展示结束，波波夫充满信心地说："最后，我敢于表达这样一个愿望，我的仪器在进一步改良后，就能够凭借迅速的电振荡进行长距离通信。"几十年以后，这一天被定为"无线电发明日"。

1896 年 1 月，俄国物理化学协会的刊物《电》一月号发表了波波夫的文章，介绍了这次展示的情况。这篇文章发表后立刻引起了全球学术界的关注。

不久之后，波波夫用电报机代替电铃，作为接收机的终端，他的装置就变成了一台无线电发报机。

1896 年 3 月 24 日，波波夫和助手雷布金在俄国物理化学协会的年会上，正式演示了用无线电传递莫尔斯电码。

当时在场的观众有 1000 多人，接收机装设在会议大厅里，发射装置放在附近圣彼得堡林业大学的化学馆里。雷布金拍发信号，波波夫接收信号，通信距离约为 250 米。物理学会分会会长佩特罗司赫夫基教授把接收到的电报字母逐一写在黑板上，最后得到的报文是"海因里希·赫兹"。这表达了波波夫对这位伟大的电磁波发现者的崇敬之情。

这份电报虽然很短，却是世界上第一份有明确内容的无线电报。

波波夫的成功，预示着人类通信史上的新纪元即将到来。

｜马可尼获得专利

　　1896 年 5 月，22 岁的马可尼踏着晨光，和母亲登上了开往英国伦敦的轮船。

　　这个年轻的发明家容貌清秀，略显腼腆，小心翼翼地守护着一个大箱子，寸步不离，就像里面装了什么无价之宝一样。母亲安妮和他同行。尽管马可尼小时候和母亲经常一起乘船去英国旅行，但这一次与以往不同，它对马可尼来说意义重大，此时的马可尼心中怀揣着伟大的使命和梦想——让无线电通信为人类服务。

　　轮船徐徐离开码头。这个意大利青年发明家，就这样踏上了新的征途。

　　马可尼望着意大利海岸渐渐消失在身后，神情无比兴奋，他就要去英国，他的发明就要见世面啦！天边出现一片玫瑰色的朝霞，他仿佛看见未来在对他微笑，在向他招手。

　　几天以后，船穿过英吉利海峡，抵达朴次茅斯港。在入关时，英国海关人员让马可尼打开随身携带的箱子检查。马可尼小心地打开箱子，海关人员发现里面装着电线、电瓶等危险物品以及一个奇怪的黑匣子，随即吓得魂不附体。

两年前，当时的法国总统卡诺就是被一个意大利人刺杀的。这个事件震惊全球，人们心有余悸，也难怪海关人员对意大利入境者格外警惕。他们将马可尼的无线电装置拆得七零八落，逐件严格检查。最后没有发现武器和爆炸物一类的危险物品，才予以放行。

马可尼再次踏上了既熟悉又陌生的英国国土。

他不喜欢伦敦的浓雾和黑烟，很不习惯大都市的忙碌和喧闹。这里没有地中海那种暖和的气候，没有意大利的绮丽风光，但他还是被伦敦吸引住了，因为他这次来到英国，不是为了旅游，而是为了寻求发展无线电的机会——当时英国活跃的学术交流氛围和开放的科技发明环境，对马可尼来说正是发展无线电事业的绝佳条件。

在伦敦安置下来后，马可尼做的第一件事就是花了几个星期的时间，修理并装配被海关人员拆散的这些器材。装好机器后进行调试，又耽误了10多天。

安妮在伦敦有个外甥是一位年轻的工程师。一天，他前来看望从意大利来的安妮姨妈，听表弟马可尼讲起在海关的遭遇，他觉得很有趣。

"你这么一个英俊的帅哥，怎么会被当成可疑分子呢？"

表哥笑道。

"我也不知道，"马可尼说，"他们对意大利人的警惕性好像特别高。"

"意大利人怎么啦？伽利略就是意大利人，达·芬奇也是意大利人……"

马可尼羞怯地笑起来："我只是一个意大利愣小子，怎么能和这些大师相比啊！"

"不管那些海关的家伙啦，让我瞧瞧你的那些宝贝吧。"表哥饶有兴趣地说。

于是，马可尼向表哥展示了自己的通信装置，并对机器的性能和操作过程做了简要说明。

这位表哥一眼就看上了马可尼的发明。他和阿方索同岁，刚 30 岁出头，对科技领域的新生事物很敏感，并与英国工程界和商界有广泛的联系。他打量着马可尼的无线电通信装置，觉得这些东西并不复杂，但每一个部件似乎都不同寻常。

马可尼滔滔不绝地说起他进行的通信实验。

"我实现的通信距离已经达到了约 2.4 千米。"小伙子有点儿得意地说。

"很了不起！"表哥点头称道，"不过，这不能算正式的世界纪录。"

"为什么？"马可尼问。

"这只是你自己的实验纪录，不是公开的演示或表演纪录。"

"我哥哥阿方索可以作证。"

"那也不行。你的实验没有通过媒体报道，实验结果也没有经过权威机构认证。"

"这倒是。"马可尼承认这是事实，他向表哥求助，"那我应该怎么做呢？"

"你有两个办法可以选择。"表哥建议道，"一是发表论文，公布你的实验结果，引起学术界的关注，就像布冉利和洛奇那些教授一样……"

"可是我没有写过论文。"马可尼答道。

其实他不打算发表论文。这位年轻的意大利发明家有两点考虑：一是他对写论文并不在行，觉得挺费事；二是他不想公开自己"黑匣子"里的秘密，因为那是他千辛万苦研究出来的成果。

"第二个办法呢？"他问。

"第二个办法就是在伦敦申请专利，这样一来，你的发明就能受到英国法律的保护。未经专利权人的许可，任何人和企业都不能随便使用。"

"那我申请专利。"马可尼顿时眼前一亮。

接着，表哥给马可尼讲了申请专利的办法，并告诉马可尼自己在专利局有一个朋友，可以去找他帮忙。

有人说，马可尼是幸运儿，确实是这样。在表哥的鼓励和帮助下，1896 年 6 月 2 日，马可尼的发明终于取得了英国的专利证书：

专利证号：

12039，伦敦

专利名称：

电脉冲及信号传输技术的改进以及所需设备

这是马可尼申请的第一张专利证，也是无线电史上的第一张专利证，此时他刚满 22 岁。

有一张著名的照片，是马可尼在取得专利证并举行签名仪式后和他的设备的合影。年轻的马可尼右手托腮，两眼炯炯有神地看着镜头。他的右边是火花式发射装置，装了 4 个金属球、

2个金属球形成火花隙，每个金属球又用铜棒分别与另外几个金属球连起来；他左边的黑匣子是接收机，下方两根横向的金属条是接收天线，黑匣子的上面是一个莫尔斯电报键。

马可尼的这张照片不仅被许多图书报刊选登，还成为许多国家纪念邮票的主题。他堪称少年英雄，名垂青史。

马可尼申请专利的简报当时在多家杂志刊登，消息立刻传开。但简报只刊登了马可尼用电磁振荡的方法发明了无线电报的消息，并没有刊登详细内容和装置的细节。

贵人普利斯

马可尼的发明取得专利后，热心的表哥又请一位学术界的朋友写了一封推荐信，让马可尼去找英国邮政总局的总工程师普利斯博士。

普利斯是英国电信界的权威人士，他从1882年起就开始研究感应无线电报——通过信号电流从导线中流过所产生的磁场，在另一根不相连的导线中感应出同样的电流来。1885年，他用这种电流感应的方法，在相距400米的两条绝缘线路之间进行了电话信号传输。但是，由于增加传输距离时，要求导线相应增长，甚至要增长到与传输距离相近，这就失去了"无线"的意义。

1896年5月，马可尼刚到英国的时候，普利斯正在英格兰西南部的布里斯托尔进行一次大规模的实验，他想在英格兰和爱尔兰之间传送"感应无线电报"。一个星期天的夜晚，他分别接通了横跨英格兰和爱尔兰的南北两条电报主干线，构成了两条巨大的平行线路。但是，无论是从爱尔兰还是从英格兰发出的信号，对方都没有收到。实验失败了。

普利斯辛辛苦苦研究了十几年，心中有些惆怅。

正在这个时候，普利斯从英国杂志《电气技师》上看到马可尼申请专利的简报，知道马可尼不是利用电流感应的方法，而是利用电磁振荡的方法发明了无线电报，他感到无比惊奇和欣喜！

普利斯急切地想要见到马可尼，但是杂志上没有刊登马可尼的住址，他只好派人到各个旅馆去寻找。

一天上午，一个提着大箱子的年轻人前来拜访普利斯。这位模样英俊、两眼炯炯有神的青年正是马可尼。他被领进总工程师办公室，轻轻放下大箱子，从怀里拿出推荐信，恭敬地递给普利斯。普利斯拆开信一看，不禁喜出望外。

"你就是古列尔莫·马可尼，那个'12039 号'专利的发明人？"

"正是我，"马可尼态度谦逊，用流利的英语回答，"一个无线电业余爱好者。"

普利斯大喜，他像遇到久别重逢的亲人一样高兴，连忙把马可尼迎进屋子里。两人进行了一番热情的交谈之后，马可尼打开箱子，把收发报机搬出来，请普利斯过目。他是那样谦恭，就像一个学生在请老师指点习作一样。

普利斯发现马可尼的收发报机相当笨重，里面的部件也不是什么稀奇的东西，就幽默地说："人人都认识鸡蛋，但只有马可尼把鸡蛋立起来了！"

据说，航海家哥伦布有一次出席宴会，为了回击一个大臣对他发现"新大陆"的轻视，他顺手拿起一个鸡蛋问大家：

"谁能把它立在桌子上？"
满桌的王公大臣试了又试，
都没有办法。哥伦布笑了
笑，啪的一声敲破鸡蛋的
一头，鸡蛋就稳稳地立
在桌子上了。普利斯在
这里把马可尼比作发现
"新大陆"的英雄，是
很高的评价。

　　普利斯独具慧眼，认为
马可尼前途无量。他很赏识马
可尼的才干，答应全力支持马
可尼，为他的发明进行宣传。

　　随后，普利斯便请马可尼留
在邮政总局进行进一步的实验。

　　1896 年 7 月 27 日，马可尼在英
国邮政总局大楼的楼顶和 300 米外的
一座银行大楼之间成功地进行了实验。
这是马可尼第一次向公众展示他的装置。

一切准备就绪，马可尼按下发射装置的莫尔斯电报键。发射装置发出一串电码信号，电波越过伦敦阴霾的天空，放置在银行大楼接收端的莫尔斯电报打印机，顷刻之间便打印出了电码信号。守候在现场的邮政官员和媒体记者，随即发出一阵喝彩。第二天，马可尼实验成功的消息就像春风一样吹遍伦敦的大街小巷。

　　9月2日，普利斯博士又组织了第二次实验，请马可尼向更多的邮政代表演示。这一次，实验的地点选在索尔兹伯里平原。马可尼在实验中使用了架空天线，通信距离大大增加。在发射端，他将火花式发射装置的一端通过导线接到离地面很远的天线盒子上，另一端接地，这样大地也成为高频振荡器和接收机的组成部分。接收机也是这样安排。

　　由于采用了这种装置，马可尼在索尔兹伯里平原的无线电信号实验，收发距离达到约6千米。在场的英国政府官员们纷纷在接收到的电文纸上签字，确认这是正式纪录。

　　1896年12月12日，普利斯博士特地举行了一场无线电报的推介会，向公众隆重介绍青年发明家马可尼。

　　伦敦科技大厅坐满了听众，普利斯做完关于无线电报的科普演讲后，便热情地把坐在身边的马可尼介绍给大家，说他带来了一套新的电报装置，用不着导线，通过电磁波就能进行远距离通信。

马可尼从讲台下取出他的收发报机，这是两个大盒子。一个盒子装着发射装置，由电池、感应线圈和一对形状像哑铃的赫兹振子组成，这就是火花式发射装置，可以辐射 1 米到 1.5 米的电磁波。另外一个盒子是黑色的，里面是改良后的金属屑检波器，外面有两条水平铜带作为接收天线，盒顶安装着电铃。

马可尼把两个盒子分别放在大厅的两个角落，一名自告奋勇的听众当发报员，马可尼则守着接收机。当发报员按下电报键的时候，马可尼面前的盒子上的电铃立刻就发出了响声。为了证明没有弄虚作假，马可尼举起盒子，在全场到处走动，每个观众都听到了铃声。整个大厅顿时变得比游乐场还热闹。

普利斯博士等马可尼演示完后，打着优雅的手势，在大厅当众宣布："女士们，先生们，马可尼先生的无线电将改写人类通信的历史，这是通信史上的一次伟大的革命。"全场掌声雷动。第二天，马可尼就变成了家喻户晓的人物。

就这样，普利斯正式地把这位年轻的发明家介绍给了公众。很快，全英格兰都知道了马可尼和无线电报。普利斯对马可尼的发明推广功不可没，他后来被英国政府封为爵士。

卢瑟福与无线电无缘

马可尼得到普利斯博士的知遇，可以说是他一生中最大的幸运。

普利斯身居英国电信界的领导地位，论研究无线电通信的资格，他在布冉利和洛奇之前，但是他并不骄傲。普利斯看见马可尼研究出自己多年没有研究出的东西，他由衷地感到高兴，没有丝毫嫉妒。普利斯不但鼓励年轻的马可尼，还帮助他宣传，而且设法为他争取政府的资助。这一切，都对马可尼的事业产生了重大的影响。

当然，马可尼的成功还有重要的社会原因。

当时，英国正处在资本主义向帝国主义发展时期，贸易很发达，同海外有广泛的联系，无线电如果能够得到实际应用，就能推动英国航海事业的发展。同时，英国有优良的科学传统，政府比较重视科学发明，所以政府的相关部门比较支持马可尼，愿意资助他。

马可尼的成功还有一个关键因素，就是他的专心致志和锲而不舍。他认定方向后就勇往直前，毫不犹豫地朝这个方向走下去。虽然他是一名业余的无线电发明家，但是却能够在众多研究者中一马当先，超越了许多电学专家、学者和教授（包括他的启蒙老师里吉教授，还有卢瑟福和特斯拉等人），最后拔得发明无线电的头筹。

卢瑟福比马可尼起步早，而且成绩斐然。1895 年夏天，正当马可尼陶醉于哥哥阿方索鸣枪报信的喜悦中时，24 岁的卢瑟福告别了母校坎特伯雷学院，带着他发明的"磁性检波器"到英国剑桥大学深造。

卢瑟福于 1871 年 8 月出生在新西兰纳尔逊的一个木匠家庭，从小在乡村长大，家境贫寒。他通过自己的刻苦努力，15 岁时获得奖学金，被保送到纳尔逊高级中学读书。卢瑟福长得人高马大，成绩特别优异。就在他中学毕业的前一年，物理学界发生了一件激动人心的事：德国青年物理学家赫兹发现了电磁波，用实验证明了麦克斯韦的电磁理论。赫兹的发现轰动了世界。这件事也在少年卢瑟福心中留下了深刻的印象，使他对电磁学怀有一种朦胧的憧憬。

中学毕业后，卢瑟福又幸运地获得了奖学金，进入新西兰的坎特伯雷学院学习。接到通知的那天，卢瑟福正在地里干活儿。母亲跑来告诉他喜讯，卢瑟福立即扔掉手里的铁锹说："这恐怕是我挖的最后一颗土豆了吧！"的确，两次获得奖学金改变了他的一生。

卢瑟福在大学期间非常用功，当时他最感兴趣的两个课题，一个与元素有关，另一个与无线电有关。没想到前者成了他毕生研究的专业（探索原子之秘），而无线电则成了他终生难舍的爱好。

自从1888年赫兹发现电磁波以来，仅过了三四年的时间，各国科学家就竞相对无线电进行研究。他们希望找到一种有效的办法能把电磁波检测出来，这样就能用电磁波来传递信息。这个激动人心的课题，同样使青年卢瑟福跃跃欲试。卢瑟福的大学毕业论文选择的就是这个课题。他发明的磁性检波器明显比布冉利的金属屑检波器高明很多。

1895年夏天，幸运之神再次降临。卢瑟福因为他最新的电磁波研究实验报告论文，获得了到英国剑桥大学深造的机会。

当卢瑟福登上开往英国的轮船时，心情激动又兴奋。当年他的祖父和父亲远渡重洋，从英国来到新西兰，如今他要离开这个小岛，去英国深造和寻根，心中不禁升起一种"海阔凭鱼跃，天高任鸟飞"的壮志豪情。他随身携带着一封导师的推荐信，还有一个自己发明的磁性检波器。

卢瑟福到了剑桥大学，进入卡文迪什实验室，成为约瑟夫·汤姆孙的研究生。汤姆孙是著名的原子物理学家，出生于英国的曼彻斯特，后来毕业于剑桥大学，28 岁时成为第三任卡文迪什实验室主任，后荣获诺贝尔物理学奖。卢瑟福赴英国学习时，汤姆孙刚满 39 岁。

卢瑟福到剑桥的第一年，继续从事电波接收研究。实验使用的仪器都是他自己制作的，汤姆孙欣赏他的动手能力和惊人的实验技巧。在汤姆孙的指导下，卢瑟福对自己的磁性检波器做了进一步改进。他把空心线圈中央的钢针长度缩短到 1 厘米，直径缩短到 0.07 毫米，线圈本身的缠绕也非常精细。改进后的检波器灵敏度大大提高，卢瑟福在剑桥城区成功实现了 800 米的远距离电波传送。

1896 年，卢瑟福同汤姆孙联名发表了《通过高频放电使铁磁化以及关于短钢针效应的研究》的论文。研究工作是由卢瑟福独立完成的，但导师和研究生联名发表论文，是当时的惯例。

这篇论文报告了在距发射装置约 800 米远处检测电波的方法，实验地点选在人口稠密的伦敦市内，并且取得了圆满成功。实验证明了无线电波不仅能在地形开阔的乡村传播，也能在繁华的大都市里传播。据论文介绍，卢瑟福的发射装置是一台火花式发射装置器，由金属棒、两个相距 1.27 厘米的铜钮和一对大金属片构成，金属片起着发射天线的作用。铜钮间隙产生电火花时，就有电磁波辐射出来。接收机设在距发射装置约 800 米的地方，接收天线由两根对称的 61 厘米长的金属制成，下面连着磁性检波器的金属线圈。当电波信号到达时，由于电磁感应作用，线圈中央的细磁化钢针束会暂时失去磁性，随之脱落，与磁体相连的一面小镜子便会发生偏转。这就代表监测到了电磁波信号。

卢瑟福在实验时还证明了电磁波信号可以穿过砖石墙，也可以穿过偶尔挡住检波器的人体，这揭示了无线电应用的远大前景。在当时，这无疑是非常引人注目的研究成果。

卢瑟福的这个检波器，至今还保存在卡文迪什实验室里，被当成该实验室的一份光荣的遗产。卢瑟福的这项成果，证明他的研究在当时已居于世界领先水平，这使他当之无愧地成为无线电的先驱者之一。

可惜的是，卢瑟福并没有把自己的成果进一步推向商业运用，却让马可尼拔得了发明无线电的头筹。究其原因，有传记作者认为，是卢瑟福对经商图利不感兴趣，所以没去申请专利；还有人说，因为他不是一个电气工程师。

　　其实真正的原因是，就在这个时候，卢瑟福的导师汤姆孙发现了电子，引起物理学界的轰动。在汤姆孙以前，人们都以为原子是最小的、不可分的。电子的发现，表明有比原子更小的微粒，从而揭开了人类认识微观世界的序幕。

　　在汤姆孙的影响下，卢瑟福的研究方向发生了重大转折。虽然他的视线投向了原子物理领域，但是卢瑟福一生都没有放弃对无线电的热爱。

　　另一位无线电先行者特斯拉，也是中途转向，没有对无线电进行进一步研究。早在 1893 年的春天，特斯拉就在美国富兰克林学院的讲座及圣路易斯全国照明协会做的报告中提出了无线电广播的原理。他公开展示了无线电传送的实验，用电波信号点亮了 10 米外的电灯（后来他和马可尼曾在美国就无线电发明权打官司）。

　　特斯拉是个科学怪才，头脑中的点子太多了，今天一个奇想，要研究中子弹；明天一个奇想，要研发隐形飞机；后天又灵感闪现，要制造深海机器人……而这些想法大多超前于时代，这令他的内心每天都燃烧着科学发明激情，但主攻的方向经常变换。而且因为研究规模太大，实验花费高昂，所以他经常被资金短缺所困，甚至因欠债被告上法庭。

特斯拉多才多艺，拥有诸多业余头衔：诗人、养鸽专家、哲学家、音乐鉴赏家……头衔越多，就意味着他越难以专心致志地完成一项发明。特斯拉在纽约中央公园的湖里进行了遥控自动化小艇的精彩实验之后，就与无线电事业擦肩而过，在这方面再没有什么作为，令世人为之叹息！

第五章 | 两种遭遇

波波夫逆水行舟

还有一位无线电发明家波波夫，他的遭遇也耐人寻味。

1896年3月24日，波波夫在俄国物理化学协会的年会上演示了用无线电传递莫尔斯电码。这一历史性的成绩预示了无线电时代的到来。波波夫期望乘胜前进，一鼓作气，实现自己用无线电进行长距离通信的梦想。

可是由于当时俄国封建落后，抱残守缺，漠视无线电事业和科学家，波波夫的发明没有得到政府的支持和帮助。波波夫第一次向政府部门申请实验经费时，竟得到这样的批示："对于这种幻想，不准拨款。"所以尽管海军上将马卡洛夫一再坚持，后来也才拨下区区300卢布。

正当波波夫在为缺少实验经费发愁的时候，马可尼却欣喜地得到了普利斯的通知：英国邮政总局同意给他提供全部实验经费和所需要的各种物资，用来进行海上通信实验。这两位发明家，一个是逆水行舟，另一个是一帆风顺。因此，波波夫虽然比马可尼早一年取得研究成果，却很快就落在了后面。

但波波夫意志顽强，在十分艰难的情况下，仍旧继续进行实验。

1897 年春天，38 岁的波波夫在喀琅施塔得港的停泊场进行无线电实验，可靠的通信距离达到约 600 米。

　　同年夏天，波波夫和雷布金分别在巡洋舰"阿非利加"号和教练舰"欧罗巴"号上进行无线电通信联系的实验，最大距离达到 5 千米。

　　这是一次比较著名的实验。在实验过程中，波波夫和雷布金发现，每当"伊林中尉"号巡洋舰在"阿非利加"号和"欧罗巴"号之间经过的时候，通信都会中断一会儿，这表明"伊林中尉"号挡住了信号。换句话说，就是金属物体对电磁波产生了反射。波波夫预见到这个现象有重大的实用价值，随即报告给了喀琅施塔得港海军司令部。

　　波波夫在报告中说："实验时，传送信号多次出现减弱的现象，船只间的距离对此也有一定影响。如在实验中，'欧罗巴'号和'阿非利加'号的信号传到了别的军舰上。在长距离实验中，只要军舰不偏离直线航道，仪器间的相互作用现象就不会发生。"可惜波波夫的报告没有得到海军司令部的重视。30 多年以后，其他科学家根据金属物体反射电磁波的原理发明了雷达。

　　该报告还指出："电磁波应用到灯塔上，作为灯光和声响信号的补充，可使灯塔在大雾和暴风雨天气中都能起到应有的作用。电磁波发出的铃声可提醒离灯塔太近的船只，而各种声音的汇总又能帮助船只辨别灯塔。利用桅杆、绳索会延缓电磁波传送的特性，可提前判断出被遮住的灯塔的大概方向。"

　　实际上，波波夫已经预见到了可以利用无线电进行导航，可是这一预见同样没有得到有关方面的重视。

马可尼超过波波夫

　　1897 年 5 月，当波波夫在喀琅施塔得港进行实验的时候，马可尼正在英国西海岸南段的布里斯托尔湾，紧张地进行跨海通信实验。马可尼的发明究竟有没有广阔的前景，将由这次实验的结果来决定。

普利斯博士对这次实验抱着很大的期望，特地叫自己最信任的助手乔治·肯普来协助马可尼。肯普比马可尼年长，留着八字胡，看上去老成持重。他为人憨厚，技术熟练，能吃苦耐劳。

马可尼把发射装置装在布里斯托尔湾莱弗洛克岸边的小屋里，在屋外竖起一根很高的杆子，上面架设了用金属圆筒制成的天线。刚开始接收机放在海湾里的弗拉特岛上。接收天线架在高杆的金属圆筒上，跟对岸的发射天线遥遥相对。收发两地之间相距约 6.4 千米，通信效果良好。这个距离已超过了波波夫 5 千米的通信实验纪录。

一个星期以后，马可尼和肯普把接收机转移到海湾对岸的一处地点，收发距离增大到约 14 千米，并且用两只覆盖着锡箔的风筝作为收发天线。在实验中，风筝可以升到 49 米高，比先前的圆筒天线更高。

5 月 13 日，通信实验获得很大成功，无线电信号第一次越过了布里斯托尔湾。普利斯博士，这位英国邮政总局的决策人，对实验结果非常满意。实验结束的时候，普利斯拍着马可尼的肩头表示祝贺，马可尼却称赞肯普的干练和得力。普利斯为了帮助这位青年发明家取得更大的成功，当场告诉马可尼可以把肯普留下。马可尼大喜过望，从此肯普成为他终身的助手，对他的事业帮助很大。马可尼来到英国不到两年，就获得了意想不到的成功。

这次跨越海湾的通信实验在世界无线电史上具有标志性意义，人类第一次不用导线就把信号传过了海湾。半个世纪以后，英国政府为了纪念这件有历史意义的大事，在实验地点举行了一次隆重的纪念仪式。这时，普利斯、马可尼和肯普都已逝世。出席纪念会的有政府官员和很多知名人士，有肯普的儿子，还有一位 80 多岁的老人马求斯。

当年，马求斯是一名出租马车夫，曾经搭载过马可尼。他对记者说："现在我还记得马可尼年轻时的面孔，我就是站在这堵墙边看着他和肯普准备实验的。马可尼非常专心地安放仪器，就像个将军在指挥作战一样。我真没有想到我会活到这一天，会看到这么多人来到这里向这位意大利发明家致敬。"

马可尼在英国进行无线电跨海实验成功的消息，迅速传遍整个欧洲，23 岁的马可尼再次名声大噪。正所谓"墙外开花墙内香"，意大利政府这时才意识到马可尼的价值。就在马可尼跨海实验成功后不久，意大利政府通过驻英使馆盛情邀请马可尼回国。

马可尼愉快地接受了邀请。1897 年 6 月，马可尼回到意大利。意大利国王和王后在罗马接见了这位青年发明家，并且很有兴趣地观看了他的无线电通信表演。

马可尼对祖国意大利自始至终怀着热爱之情和报国之心。在回国后一个月的时间里，他为意大利建立了一座陆上电台，用于与意大利军舰通信，距离延长到 19.2 千米。马可尼表示，允许意大利政府不受专利限制使用他的无线电技术，可以任意开发他发明的无线电设备。这和他当初愿意把发明献给祖国的做法是一致的，可谓拳拳赤子心。

开尔文勋爵的赞赏

1897 年 7 月，马可尼重返英国，开始研究无线电的商业应用，并在伦敦成立了"无线电报与通信有限公司"（1900年更名为"马可尼无线电报有限公司"）。这是英国第一家开发无线电通信业务和专门制造无线电设备的公司，公司的宗旨是在全球范围内开发和销售马可尼发明的装置，这是让发明变成产品，进而为社会服务的重要一步。公司创建之后，在普利斯博士和各界人士的支持下，马可尼的事业突飞猛进。

公司运营不久，马可尼在怀特岛郡建立了一座永久性电台，名字叫尼特无线电站。怀特岛郡在英格兰南端，对岸是英国作家狄更斯的故乡朴次茅斯。怀特岛在英国地图上只是一个不引人注目的小岛，但是马可尼在这里进行了一系列著名的通信实验。

一项发明，当它达到商业应用的水平时，它的价值才更容易为人所理解。尼特无线电站完工以后，很多政府官员和社会名流都来到这里参观。电台的天线架设在巨大的塔杆上，高度超过 30 米，颇为壮观。

有一天，参观者中来了一位贵客，他就是大名鼎鼎的开尔文勋爵。

马可尼和电台的技术人员列队欢迎这位英国科学界重量级人物的莅临。开尔文勋爵在科学上的贡献是多方面的，他在30岁之前就成了电磁理论的开路先锋和热力学的奠基人之一。尽管他没有登上电磁理论的科学顶峰，却为麦克斯韦和赫兹开辟了道路。他是一名尖兵，一位伟大的科学向导。

　　在应用工程很多互不相关的领域里，遍布着开尔文勋爵攀登科学高峰的足迹。他不善于教课，搞研究却是行家。他主持的格拉斯哥大学物理系，实际上成了应用工程系。他的很多工程发明，都是在那里的实验室中完成的。他一生最大的成就就是主持铺设了大西洋海底电缆，他也因此被英国政府封为"开尔文勋爵"。大西洋海底电缆铺设成功以后，他继续研究海底通信新装置，他的后半生一直和大海联系在一起。

他的发明专利为他带来了丰厚的收入，但是他把大量的金钱都用在新的研究上。1870年，他的妻子因病去世。妻子去世以后，他买了一艘游艇，把全部精力都放在航海研究上。他热爱大海，喜欢乘风破浪。他在自己的游艇上进行实验，发明了轻便的改良罗盘，效果很好。他还发明了海水测深仪，研究过潮汐理论，预测潮水的高度。

在尼特无线电站建立的前一年即1896年，英国格拉斯哥大学曾隆重集会，庆祝开尔文勋爵荣任教授50周年，来宾有2000多人，包括从世界各地远道而来的著名科学家。

在庆祝仪式上，前来参加集会的人用最真诚的语言赞扬他的功绩。这位72岁的勋爵却在答谢辞中说："我在过去50多年里倾注所有精力的科学研究，可以用'失败'这个词来总结。与50年前我刚开始担任教授的时候相比，我现在并未获得更多的关于电和磁的力、电和重物之间的关系，或者关于化学亲和性等方面的新知识。失败或多或少会带来一丝忧伤，但是科学研究使人在不断尝试、不断思索、不断突破中体验到了无穷的奇妙感，这就使科学家不会感到苦闷，而且或许还会使他在日常工作中相当快乐。"

开尔文勋爵的这一席话，使听众大为惊奇。作为一位举世闻名的科学巨匠、铺设大西洋海底电缆工程的主持者，他一生发表了 600 多篇学术论文，获得了 70 项发明的专利，深受世人敬仰，竟认为应该用"失败"一词来形容自己一生的事业。

马可尼对开尔文勋爵的来访不敢怠慢，还有一个原因就是开尔文勋爵一直对无线电的实用性持怀疑态度。据说，他曾对朋友说："无线电报，这很好呀！不过我宁可相信'一个孩子和一匹马'！"言外之意是，无线电报还不如一个小孩骑着马送信可靠。

但是在事实面前，开尔文勋爵完全信服了。

在马可尼的尼特无线电站机房里，他很愉快地给普利斯等老朋友拍发了电报。他给格拉斯哥大学物理实验室发送的电报是这样的：

格拉斯哥大学物理实验室收。这是通过以太波从怀特岛发到朴次茅斯的商业电报，然后借助邮局的电报机传到格拉斯哥的。

电报中的"以太波"，实际就是电磁波，当时不少人还保留着"以太"这个习惯的说法。这份电报拍发之后，开尔文勋爵从衣袋里掏出1先令硬币交给电报员，在场的人都觉得诧异。电报员以为勋爵在开玩笑，硬是不收。

开尔文勋爵笑了笑说："这是拍发这份电报的费用，它标志着商用无线电报的开始。"他坚持要付，说这是对马可尼通信装置的支持。最后，电报员收下了这不平常的1先令，这是世界上第一份收费的商用无线电报，拍发它的人恰好是长途有线通信的奠基人，这一举动颇具深意。

1898年7月，马可尼的无线电报装置正式投入商业使用，替都柏林一家报社报道快艇的比赛实况。马可尼把电台装在一条租来的轮船上，随时把比赛进程拍发给岸上的接收台，然后通过电话线直接告诉这家报社的编辑部。当天晚上，晚报就登出了快艇的比赛结果。

同年 12 月，马可尼在南部海岬灯塔和一艘灯船（相当于浮动灯塔）之间建立了无线电通信。灯船上的人用刚装上的收发报机及时向南部海岬灯塔的电台拍发有一艘轮船搁浅的消息，帮助海军总部免遭价值 52000 英镑的损失。第二年 3 月，这艘灯船在海上同一艘轮船相撞，由于它有无线电报装置，及时发出了出事的消息，遇险船员最终全部获救。这是无线电在海难营救中首次立功。

马可尼没有满足于已经取得的成就，继续进行实验。

1899 年 3 月 27 日，马可尼成功地实现了多佛尔海峡两岸英法两国间的无线电报联络，把通信距离增大到约 50 千米。电文是："你的来电收妥无误，而且很清楚。"这是两国之间的第一次无线电通信，具有重大的历史意义。就在 50 年前的 19 世纪中叶，英国在多佛尔海峡成功铺设海底电缆，使英国和欧洲大陆实现了电报通信。如今，在马可尼的探索下，无线电信号竟奇迹般飞越了多佛尔海峡，越过了国界。无线电应用不再是美丽的憧憬和幻想，它开始为人们的现实生活带来便利。

祝贺的电报从世界各地传来。英法各报都对实验成功进行了头版报道，学术界也发表文章高度评价这次实验。

这时候，波波夫在俄国黑海舰队进行实验，通信距离只达到 17 千米。波波夫虽然在 1895 年拍发了世界上第一份无线电报，但是不到 4 年的时间，马可尼就超过波波夫，跑到前面去了。马可尼是使无线电投入商业应用的第一人，是使无线电成为海上救生利器的第一人，也是使无线电信号越过英法之间海峡的第一人。

在增大通信距离的过程中，马可尼同样进行了很多艰苦的工作。一系列的实验表明，天线架得越高，通信距离就越远，无论在岸上还是在舰船上，天线的增高都是有限度的。后来，马可尼就把注意力集中在增大发射功率和提高接收机的灵敏度上。当时电子管还没有问世，要实现这两点是相当困难的。

1899 年 7 月，马可尼的无线电通信装置第一次在英国海军演习中使用。英国皇家海军舰艇"亚历山大"号、"欧罗巴"号和"女神"号都安装了马可尼的无线电通信装置。演习中，马可尼、肯普和另一个助手分别在这 3 艘军舰上工作，通信演习很成功。

演习结束后，英国皇家海军同马可尼签订合同，要他第二年给英国海军的 28 艘军舰和 4 个陆上通信站安装无线电通信装置，这是马可尼的公司收到的第一份订单。这次演习也证明，两艘军舰即使行驶到互相看不见的地方，照样可以通信，这意味着电磁波信号有可能"绕过"地球，进行曲面传递。

访问美国

马可尼的名声远扬海外，在美洲大陆也掀起了一股无线电热潮。

1899 年的 5 月，正在加拿大麦吉尔大学任教的卢瑟福，应加拿大皇家学会的邀请去渥太华进行学术报告。这次演讲的主题是"无线电报"。原计划由一位美国人演讲，但这个人因为临时生病不能来了。加拿大皇家学会的会长急中生智，想到有位无线电的先驱就近在眼前。于是，他们向约 200 千米外的麦吉尔大学的卢瑟福教授发出邀请。这时距离演讲只有一天时间了。

卢瑟福欣然接受了这一邀请，他稍事准备，立即匆匆赶往渥太华。在加拿大皇家学会的大厅里，他向几百名听众做了关于无线电报的科普演讲，并当场演示了他在新西兰和英国使用过的检波器。现场的听众情绪高涨，纷纷表示大开眼界。

就在卢瑟福这次演讲两个月之前，马可尼成功地实现了多佛尔海峡两岸间的无线电报联络，创下通信距离达 50 千米的纪录。人类的交往和沟通迎来了一个崭新的纪元。

1899 年秋，美国举行了盛大的国际快艇比赛，马可尼接受邀请来到美国，用他的无线电通信装置报道比赛实况。他在一艘船上，连续5个小时向海岸边的无线电站拍发了4000多字的消息，消息再从陆地电台用电报线传给《纽约先驱报》（后改名为《国际先驱论坛报》）。他的报道迅速、及时，使美国的新闻记者叹服不止。

在纽约期间，马可尼偶然和一名爱好无线电的美国青年德福雷斯特相识，并且给予了德福雷斯特很大的启发。几年以后，德福雷斯特发明了真空三极管，改变了整个无线电事业的面貌。

马可尼在纽约期间，还在美国军舰上进行了无线电通信演示。演示的时候，港口挤满了看热闹的人。马可尼和助手走下军舰以后，为了满足观众的好奇心，又在岸上进行了一次演示。

那时，一个衣衫破旧的美国青年早就望眼欲穿，天不亮就跑到码头等候，他就是德福雷斯特。他很幸运地亲眼观看了马可尼的表演，这次观摩对他后来的发明具有深远的影响。

马可尼身穿一件细格外套，头戴博士便帽，熟练地操作着通信设备。德福雷斯特目不转睛地望着他，恨不得也能够亲自上场试一试。等到演示结束，他挤到这些设备面前停下来，看了又看。当时，他离马可尼只有两三米远。这位意大利发明家正在同舰长交谈，没有注意到他。马可尼的助手——敦厚的肯普注意到他的神态，就友好地打开发报机让他仔细看个究竟。

德福雷斯特感激地朝肯普点点头，聚精会神地看起来。后来，他的目光停留在一个装着银色粉末的小玻璃管上。他想起曾经读过的资料，就问肯普："这大约是金属屑检波器吧？"

正在同舰长交谈的马可尼突然听到了这句问话，转过身来，很有兴趣地打量着德福雷斯特。德福雷斯特认出打量自己的正是马可尼，又惊又喜，激动地伸出手说："我叫德福雷斯特，一名无线电业余爱好者。"

马可尼笑着和他握了握手，诙谐地自我介绍说："古列尔莫·马可尼，也是一名无线电业余爱好者。"

两个爱好无线电的青年就这样交谈起来了。他们两人，一个是已经成名的发明家，另一个还是普通的爱好者。但对无线电的共同热爱，把两个萍水相逢、不同国籍的人联系在了一起。

德福雷斯特向马可尼请教了一些技术难题，马可尼都为他一一进行了解答。德福雷斯特还谈起自己研究 3 年一无所获的苦恼。马可尼鼓励他说，也许是没有找到恰当的研究课题。这位意大利发明家讲到自己正在努力提高接收机的灵敏度，他指了指发报机里的小玻璃管，对德福雷斯特说："这就是你所说的那种金属屑检波器，目前它很需要改进。"马可尼在谈话中还特别指出，要想进一步增大通信距离，就必须要革新这种原始的检波器。至于究竟应该怎样改，马可尼还没有成熟的意见，当时他的调谐电路还没有成功。

马可尼的这一席话深深地启发了德福雷斯特：原来改进金属屑检波器，就是当时无线电研究中一个亟待解决的重大课题。在回家的路上，德福雷斯特兴奋地想着，说不定自己能够完成这个使命！

几天以后，马可尼结束了在美国的工作，乘上"圣保罗"

号邮轮离开纽约。轮船开进英国水域的时候，他还进行了几项出色的通信实验。大西洋彼岸的旅行给马可尼留下了愉快的记忆，不过他没有想到，他在这次访美期间竟播下了发明的种子。

结束在美国的访问后，马可尼把无线电通信设备安装在回国所乘的"圣保罗"号邮轮上。这是从美国出发的定期轮船，将要横渡大西洋，驶向英国。

马可尼在离开纽约之前，通过海底电缆发电报给伦敦的电信公司，说"圣保罗"号抵达英国水域的时候，他要和怀特岛郡的尼特无线电站进行通信实验。公司有关人员得知"圣保罗"号将在星期三上午 10 点到 11 点之间到达，星期二下午他们就到尼特无线电站做好了准备。实验室主持人弗伦德还派了一个助手在机房值夜班。

第二天，弗伦德很早就起来巡视整个通信站。浓雾笼罩着水面，驶过的客轮连影子都看不见。

已经是中午时分，轮船预定到达的时间早过去了，还是一点儿消息也没有。弗伦德和助手们开始焦急起来，心想："该不会出了什么事吧？"

电报员不停地发出无线电联络信号。弗伦德在电报机旁边走来走去。时针指向下午 4 点 45 分时，接收机上的电铃突然响了起来。

"你是'圣保罗'号吗？"电报员从尼特无线电站发出电报问对方。

对方回答："是的。"

"你在哪里？"

"106千米远处。"

马可尼的来电驱散了大家的忧虑，尼特无线电站顿时洋溢着欢乐的气氛。这一次，马可尼把无线电通信距离增大到106千米，无线电信号第一次突破了100千米大关。这一天是1899年11月15日。

波波夫的工作也是到1899年11月才得到俄国海军总部的承认的。当时，俄国战列舰"阿普拉克辛海军大将"号在圣彼得堡戈格兰岛附近触礁。

为了进行营救，波波夫在科特卡城和戈格兰岛之间建立了一条实用的无线电报线路，距离约46千米，完成了营救任务。不久之后，通过这条无线电通信线路，又救出了27个遇险的渔民。在喀琅施塔得港担任司令的马卡洛夫收到波波夫的报告，给他发来热情的贺电：

兹代表喀琅施塔得全体海军官兵衷心祝贺你的发明获得辉煌成就。开辟从科特卡到戈格兰的 43 俄里（约 46 千米）的无线电报通信线路是科学史上极为重大的胜利。

马卡洛夫是俄国第一个理解波波夫事业的人。可惜这位海军上将后来担任俄国太平洋舰队司令，在 1904 年的日俄战争中因旗舰触雷沉没而阵亡。

在波波夫应用无线电报成功地营救了战列舰"阿普拉克辛海军大将"号后，俄国海军总部终于认可了他的发明，让他在俄国军舰上训练官兵使用无线电报。但是宝贵的时机已经过去了，马可尼已经远远超过了波波夫。

第六章 | 飞越大西洋

德福雷斯特加盟

　　就在马可尼离开美国后不到两个月，德福雷斯特便辞去研究所的工作，在纽约泰晤士街租了一间破旧的小屋，全心全意地投入检波器的改进工作中。

　　窗外飘起了雪花，这是 19 世纪的最后一个冬天。新世纪就要到来，一项伟大的发明也在艰苦的环境中孕育着。

　　德福雷斯特节衣缩食，买来一些简陋的器材进行检测电磁波的实验。由于辞去工作没有正常收入，他的生活很困难。这个发明家实在太穷了，连买一副耳机的钱都没有。实验的时候，他只好一只手拿着单耳听筒，另一只手调节检波器。为了维持生活，他白天常常去给富家子弟补习功课，或者到饭店里洗碗、扫地。一到夜里，他就沉浸在发明创造的乐趣中。

　　科学发明的成果不是唾手可得的。德福雷斯特在坎坷的小径上探索了一年，还是没有什么收获，他的各种实验都失败了。可是，他一点儿也不灰心，继续进行实验。

　　1900 年一个隆冬的夜晚，德福雷斯特正在灯下进行一次新的实验。窗外寒风呼啸，他衣衫单薄，冻得直打哆嗦。屋里点的是煤气灯，实验装置也很简陋：一个从旧货摊上买来的电键，两个自制的电瓶，再加上一个粗线圈，就构成了德福雷斯特的发射装置。当他按动电键的时候，线圈接通电源，发出火花，就辐射出电磁波信号。在离他很近的地方，有一个同电流计相连的金属屑检波器，这就是他的接收机。检波器里的金属屑他已经换过好多种，效果都不好。

德福雷斯特一边按电键，一边观察检波器的反应。他突然感到头顶的灯光一明一暗地在闪烁。开始，他还以为是窗外刮风引起的。后来，他发现灯光明暗的变化很有节奏，明显是受到电键开关的影响：当他按动电键，线圈发出火花，煤气灯的光马上变暗；松开电键，立刻变亮。

想不到竟会有这样奇异的现象！德福雷斯特两眼盯着煤气灯，反复按着电键，那黄色的火焰仿佛受到一种神秘力量的控制，随着电键的松开与按动忽明忽暗地闪烁不定。他闪过一个念头：能不能利用这个现象来做无线电检波器呢？

后来，德福雷斯特凭着发明家的灵感和才智，发明了一种"火焰检波器"。1903 年，这种检波器在舰船无线电通信中试用，获得了成功。这项工作用去了德福雷斯特两三年的时间。

不过，用火焰来检测无线电波的方法虽然新奇，却不是上策，在今天看来甚至还有些可笑，不但缺少足够的理论依据，而且没有多少实用价值。因为要在每台接收机里装上火焰装置，用起来很不方便，更主要的还是检波效率不高。后来，德福雷斯特放弃了这个方法。

火焰检波器虽然被放弃了，却成了德福雷斯特通向坦途的桥梁。他由火焰检波器联想到一个问题：既然炽热的火焰会受电磁波的影响，那么炽热的灯丝不也可能会有反应吗？

于是，他想到了用电灯泡来检测电磁波。

德福雷斯特正在研究如何用真空管检波的时候，有个朋友带来了意外的消息：英国的弗莱明博士发明了真空二极管！德福雷斯特听后受到很大的鼓舞。

弗莱明毕业于伦敦大学和皇家化学院，后进入剑桥大学卡文迪什实验室工作。他是麦克斯韦的学生，先后在爱迪生电灯公司和马可尼无线电报公司当过技术顾问，发明过直流电位差计，提出过左手定则和右手定则。他比德福雷斯特大 24 岁，很熟悉当时的无线电发展状况。他早就对爱迪生在 1883 年发现的热电子发射现象即"爱迪生效应"很有兴趣，一直想发掘其实用价值。如今终于发明了真空二极管，可用来代替金属屑检波器。这个新发明为电子器件的制造打开了一个突破口。

爱迪生发现了热电子发射现象，却没有想到如何应用；德福雷斯特一直想发明新式检波器，却不知道"爱迪生效应"。因此，他们两人都失去了发明真空二极管的机会。弗莱明既有发明新式检波器的决心，又抓住了"爱迪生效应"这个关键点，所以取得了成功。

德福雷斯特赶紧把刊登发明真空二极管消息的杂志找来。他读到介绍弗莱明发明的文章时，激动得双手都在颤抖，兴奋和沮丧一齐涌上心头：他很羡慕弗莱明的成功，也为自己感到遗憾。

一连几天，德福雷斯特都处在彷徨中，思想斗争很激烈。他一直为之奋斗的目标被人捷足先登，多年的夙愿成为泡影，下一步该怎么走呢？

失意的发明家在小屋里徘徊，他想起中学老师讲的一段美术史上的逸事。文艺复兴时期的艺术大师达·芬奇，小时候读书很不专心，总是学一样，丢一样。但是不论他改学什么，都忘不了绘画。他15岁那年，被画师韦罗基奥带到佛罗伦萨去学画画。达·芬奇学成以后，韦罗基奥叫他在自己绘制的巨幅油画《基督受洗》里，画一个作为陪衬的天使。结果，达·芬奇竟比老师画得还好。韦罗基奥既高兴又惭愧，从此，他就改行去雕刻，再也不画画了。德福雷斯特从杂志上看到弗莱明的发明，他的心情就像韦罗基奥看见达·芬奇笔下的小天使一样，所不同的只是弗莱明比他年长和有声望罢了。

"我是不是也要像韦罗基奥一样改弦易辙呢？"德福雷斯特暗暗问自己。

｜风筝和气球

20 世纪的第一个春天来到了。

马可尼没有陶醉在自己创造的无线电通信距离突破 100 千米的纪录的喜悦中，他把目光投向了辽阔的大西洋，渴望建立起英国和北美洲之间的无线电通信。

这是一个雄心勃勃的计划，很多内行人都认为很难实现。

首先是设备条件有限。当时的无线电收发报装置还处在原始阶段：发射装置还停留在火花式发射装置的水平，电振荡是衰减的，也没有功率放大输出。接收机很简单，检波器是老式的金属屑检波器，没有电子管放大电路，也没有现代接收机最基本的超外差接收方式（超外差接收方式，是把射频信号先同接收机所产生的振荡混合，产生一个中频信号，然后对中频进行放大、检波。这种接收方法采用固定的中频。中频放大器可以按照最佳的放大特性设计，能大大提高接收机的灵敏度，现代接收机几乎都采用这种方式）。

其次是地理限制。英国和北美洲相隔太远，不少人担心地球的曲面会妨碍通信的实现。一般人都以为电磁波只能像光波一样直线传播，不能绕过地球进行曲面传播，因此北美洲收不到英国发去的无线电信号。

马可尼根据1899年在大西洋上进行通信实验得到的经验，认为电磁波有可能绕过地球曲面传到大西洋彼岸，他决心去探索。

为了实现越过大西洋进行通信的宏伟计划，马可尼做了大量的准备工作。

就在这个时候，无线电的研究领域跃出了一匹黑马，他就是德国斯特拉斯堡大学的布劳恩教授。这位模样斯文、留着络腮胡的学者潜心改进了马可尼的发射装置，并发明了耦合电路和定向天线，为无线电的远距离传送信号做出了重要贡献。

布劳恩于1850年出生在德国一个公务员家庭，比赫兹大7岁，在年龄上算是马可尼的叔辈。不过他进入无线电发明领域较晚，只能算是一位"后起之秀"。18岁时，布劳恩进入德国马尔堡大学学习数学和自然科学，次年转到柏林大学研究天线，22岁时获得物理学博士学位。

大学毕业后，他在莱比锡的一家中学教数学和自然科学，业余时间开始对振荡电流进行研究。1874年，布劳恩发现某些金属硫化物具有使电流单方向通过的特性。后来他利用这个半导体特性制成了检波器，使接收机的灵敏度提高了很多。

1898 年，48 岁的布劳恩开始关注马可尼的无线电实验成果，并对无线电发报机进行了理论分析和研究。在此基础上，布劳恩对马可尼的无线电发报机进行了根本性的改造。原本马可尼无线电发报机的振荡线路和天线是合在一起的，这种线路产生的功率较低。布劳恩把两者分开，发明了磁耦合天线，初级线圈由电容器和火花隙构成，耦合上有一根感应天线，电容电路的振荡在辐射天线中产生了极大的电流，这使得整个系统的发射功率大大增加，从而增大了通信距离，而且无线电接收机和发射装置不需要直接与天线相连，受到雷击的风险大大降低。布劳恩还发明了定向天线。定向性也是电报技术的一个难点，发射装置需要定向发射，接收机也需要定向接收。布劳恩是最先实现定向发报的人之一，他发明的定向天线只在一个指定的方向上发射电波，从而更能集中辐射能量。他还把发射装置的频带调得很窄，从而减少了不同发射装置之间的干扰。

马可尼很善于吸取他人的经验，他对布劳恩的研究成果给予了充分肯定，并借鉴了前辈洛奇的研究成果，用于改进自己的发射装置。

洛奇教授曾于 1894 年发现使用由电容和线圈组成的调谐电路，可以变更电磁波的波长。马可尼根据这一原理，在自己的发射装置上使用调谐电路，取得了出人意料的效果。这种电路相当于现代接收机的输入调谐回路，虽然不复杂，却使那种简易接收机的灵敏度有了显著的提高。装上这种调谐电路，数台发射装置可以同时发射，各用各的频率，互不干扰，这是无线电技术的一大突破。

1900年4月26日，马可尼申请了"调谐或谐振电报"的专利。这个专利在无线电史上非常有名，因为专利号为7777，俗称"4个7"专利。这个专利让马可尼强大的竞争者们望尘莫及。

同年10月，马可尼在英格兰西南海岸康沃尔郡的波尔图建立了第一座大功率发射台，采用了10千瓦的音响火花式电报发射装置，这是当时世界上功率最大的发射装置。同发射装置配合的天线很复杂，最初架设的是一种庞大的垂直天线阵，是用2000根60米高的金属杆围成的一个大圆柱网。网的直径是45米，周围还有很多固定的缆绳，从远处望去，十分壮观。可是因为天线太高，支撑困难，没有多久就被大风刮倒了。后来，马可尼改变了设计方案，新架设的天线用很多根垂直天线排成扇形，结构牢固，抗风性强，可以一直使用。初次实验，通信距离达到320千米。

1901年11月26日，马可尼、肯普和另一名助手乘"撒丁"

号轮船，从英国西部港口利物浦起航，向纽芬兰岛驶去。

当时天气寒冷，甲板上常常结起薄冰。马可尼望着波涛汹涌的大西洋，心潮起伏。30 多年以前，勇敢的汤姆孙沿着这条航线铺设了第一条大西洋海底电缆。今天，他就要去开拓新的领域，完成人类通信史上的又一个壮举。

12 月 6 日，轮船横渡大西洋，到达纽芬兰岛的圣约翰斯港。

马可尼和两个助手顺利登陆。第二天，马可尼拜访了纽芬兰的官员，受到热情接待。当地官员表示将和他密切合作，为实验提供一切方便。

为了选择理想的接收地点，马可尼走遍了圣约翰斯港的海岸。最后，他们看中了一座小山（后来被称为"信号山"）。这是一块可以俯瞰港口的高地，四面的天然屏障可以阻挡大西洋的飓风，山顶上有 8000 平方米左右的一块平地，正好可以架设天线装置。近处有一座旧式建筑，当时已经作为医院使用，马可尼在那里选了一间屋子安放接收机。

他们抵达纽芬兰岛的第三天，有关实验的准备工作就圆满完成了。

12 月 9 日，他们在信号山开始工作。两天以后架设天线，马可尼决定用气球把接收天线升起来。天线很长、很重，他们用了一个氢气球，当气球从信号山高地冉冉升起时，大家都用期待的目光望着它。当气球升到约 30 米高的时候，忽然刮起了大风，气球被吹得摇摆不定。马可尼急忙指挥收紧缆绳，但是已经来不及了，气球很快就被吹走了。

第二天，大风还没有停。马可尼想，改用风筝可能会好些。4 年前，他在布里斯托尔湾的成功实验就是用的风筝。当天上午，他们赶制好一个正六边形的大风筝。在一阵紧张的操作以后，风筝牵引着天线升了起来。天线下端固定在一根粗大的电线上，通过一根引线从窗户引进设在医院里的接收机房。风筝在大风中来回晃动，但最后还是被控制住了，升到 120 米的高空。

这是一个阴冷的日子，脚下是悬崖，海浪发出雷鸣般的怒吼。透过氤氲的雾霭，隐约可以看到远山的轮廓，那是北美大陆的最东角，再向东就是浪涛滚滚的大西洋。这里和英国海岸相隔 3000 多千米，圣约翰斯港躺在山边，笼罩在一片薄雾中。

马可尼记下了他当时激动的心情：

"关键的时刻终于到来了，我为它做了 6 年艰苦的准备工作。各种指责和困难从来没有使我动摇过。我就要检验我理论的正确性，证明马可尼无线电报公司和我已经获得的 300 多项专利的价值。为了在波尔图建造大功率无线电台和进行这次实验，我们花费了几万英镑，这笔钱是不会白花的。"

为了更有把握，马可尼决定不用莫尔斯电码记录仪作为终端，他改用电话机直接收听金属屑检波器的输出信号，因为人的听觉比记录仪器灵敏得多。

这一点是波波夫在 1899 年进行通信实验时首先发现的。当时，波波夫意外地发现用电话机可以直接收听电报信号，而且通信距离明显增大，即使信号微弱得不能启动电报机，电话机依然可以听到声音。波波夫后来根据这个发现研制出电话终端接收机，并且获得了俄国、英国和法国等国家的专利。

马可尼可能从波波夫的这个发现中受到了启发。

飞越大西洋的信号

1901年12月12日，预定的通信时间到了，大家屏气凝神地等待着。大约在中午12点30分，突然响起了滴答声，这表明有信息来了。马可尼立刻抓起电话听筒，紧张地听着。

3声微小而清晰的滴答声在马可尼耳边响起——啊，千真万确，这就是从大西洋对岸传来的信号！

马可尼几乎不敢相信这是事实，他把电话听筒递给旁边的肯普说："肯普先生，你听听有什么声音吗？"

肯普忙接过听筒，把它贴在耳朵上。几秒钟以后，他兴奋地叫喊起来："是他们的信号，是的，三点短码！"

在莫尔斯电码中，三点短码代表字母"S"。这个信号是马可尼预先约定的。现在，从相隔3000多千米的波尔图电台发来的"S"信号，越过大西洋，被他们清晰地听到了！

实验人员欣喜若狂。马可尼抬头仰望空中飘动的风筝，眼睛里闪现出快乐的光芒。他确信，离不用电缆就可以横越大西洋通信的时代已经不远了。

几分钟以后，信号中断了。肯普发现风筝被风刮到另一个方向去了，天线的有效高度相应降低了。

大家耐心守候着。半小时后，电话听筒里第二回传出了 3 下滴答声，然后又沉寂了。信号山高地上的大风不断地改变着风筝和天线的位置。又过了几分钟，电话听筒里第三回传出了清晰的滴答声。这 3 回共清晰地接收了约 25 次滴答声。在随后的时间里，还可以听到这种声音，不过由于信号太弱，听不大清楚。

马可尼将这一科学史上的伟大时刻简单地记录在笔记本上："12 点 30 分、1 点 10 分和 2 点 30 分接收到信号。"

越过大西洋进行无线电通信的实验结束以后，马可尼同两位助手微笑着走出医院大楼，站在台阶上。一直等在外边的摄影记者纷纷给他们拍照。

当时，马可尼只有 27 岁。

第二天，马可尼准备重复这个实验，但由于信号山上的风太大，风筝晃动得很厉害，只好作罢。当天下午，马可尼通过海底电缆给伦敦马可尼无线电报公司的董事拍发了一份电报，说信号已经收到，但由于天气恶劣，不能继续实验。晚上，他把成功的喜讯告诉了圣约翰斯港的邮局，邮局马上用有线电报把这个重要新闻传到世界各地。

身在加拿大蒙特利尔的卢瑟福，获知无线电信号飞越大西

洋的消息后，不禁由衷地为马可尼的成功感到高兴。卢瑟福3年前应聘到蒙特利尔，担任麦吉尔大学的物理学教授兼实验室主任。卢瑟福此时正全力研究 α 射线和 β 射线的特性，但马可尼的成功令他兴奋不已，就像与挚友重逢一样，卢瑟福心中又激起对无线电的热爱之情。

卢瑟福应校方的要求，在麦吉尔大学做了一场关于无线电的即兴演讲，给学生们讲解无线电的发展。他从赫兹证明电磁波的存在讲起，讲到赫兹吹响了"进军"的号角，许多科学家都在做同一个梦——让电波飞越陆地、海洋和天空传送信号，使人类实现无线电通信。他本人也曾经加入这个伟大的行列……如今，一位来自意大利的业余发明家，年轻英俊的马可尼，终于让众人的梦想成真——无线电信号从英国西南海岸的波尔图，飞越大西洋，传到3000多千米外的纽芬兰岛。这是人类通信史上划时代的一个突破！

卢瑟福的这次演讲引起了轰动。场下到处挤满了听众，有些找不到座位的学生见缝插针地围坐在讲台周围。学生们不断地欢呼："无线电万岁！无线电万岁！"

卢瑟福在给母亲的一封信中提到了这次演讲的盛况。老人读了信，高兴得嘴都合不拢了："这孩子是在表演魔术吧？这么多人挤着瞧！"

　　事实上，着魔的不仅是学生，卢瑟福本人对无线电的迷恋从来都不曾减弱。这次演讲之后，他还试图对一辆快速行驶的火车传送无线电信号。他的此番计划得到铁路部门的大力支持。在多伦多，卢瑟福在约 13 千米外的一处地点成功地把无线电信号传到了火车上。

再接再厉

"S"信号顺利越过大西洋,这是无线电发展史上的重大突破。很多人为此欢呼和赞美。但是,对此表示怀疑的人也不少。

一些老学究从报纸上看到实验成功的消息以后,不相信这是事实。有人嘲讽说:"一组'S'字母不能算莫尔斯信号!"他们硬是不承认马可尼的实验传送了信息。有些专家还怀疑马可尼在波尔图的大功率发射台可能会干扰其他船只的短程通信。学术界某些人更是对马可尼百般诋毁,说马可尼没有接受过大学教育,既没有文凭,也没有职称,充其量只能算个电工,还妄称是什么"无线电发明家"!

一些报刊与马可尼的竞争对手暗中勾结,对青年发明家马可尼大肆毁谤。但是,英国最有影响的《泰晤士报》在关键时刻力挺马可尼,接连发表文章积极宣传马可尼的实验,并给予他很高的评价。很多年以后,马可尼在回顾这段经历时,仍对《泰晤士报》充满感激之情。

当时,马可尼除了要对付不公正的舆论外,还得应付某些公司的挑战。正如爱迪生发明电灯遭到煤气大王忌妒一样,马可尼利用无线电横越大西洋传送信号的实验获得成功,也遭到了英美一些电报公司忌妒。这些有线电报公司的老板享有大西洋海底电缆的专利，他们担心马可尼的成功会使自己的利益受到影响，反对马可尼在纽芬兰建立商用无线电站。后来经过美国和加拿大政府的调停，矛盾才缓和下来。

但不管怎样，无线电远距离通信已成为现实。电报公司的老板们也渐渐认识到，事实摆在眼前，继续敌对只能是两败俱伤。1901 年年底，远东电报公司和英美电报公司举行年会，大会主席引用了几位专家的评论来安抚各个股东。他要大家看清形势，解除顾虑。

其中一位专家的评论是这样的："尽管商业无线电系统将要建立起来，但是海底电缆在很长一段时间里还是长途电报的重要工具。很明显，无线电在保密和可靠性等方面不能同海底电缆竞争，它不能完全取代海底电缆。"

这个判断是很有见解的，无线电的确不能完全取代海底电缆（直到 100 多年以后的今天还是这样），就像飞机不能完全取代轮船一样。不过，无线电快速、经济和覆盖面广等优点，是海底电缆没法相比的。

用无线电传送"S"电码横越大西洋的实验取得成功以后，人们设想只要建立起永久性的电台，洲际无线电通信就指日可待了。

为了向全世界证明这一点，1902 年 10 月，马可尼在波尔图发射台和美国的"费拉德尔菲亚"号轮船之间进行了进一步的实验。这艘轮船是从英国南安普敦港（同怀特岛隔水相望）航行到美国纽约的。用的发射装置和前一年相同。船上的接收机则采用固定天线，架设在主桅杆上，高出海平面 60 米。接收机终端用的是莫尔斯电报机，可以把信号记录在电报纸上。

这次实验进行得特别顺利。"费拉德尔菲亚"号在距离波尔图发射台 2500 千米的地方收到了从波尔图发来的电报信号，电文有确实的内容。如果仅拍发测试字母，接收距离就能更远，可以达到 3200 千米。实验完毕，马可尼展示了电报纸上记录的信号，对收发距离也认真进行了核实，并且让船长和船上的主管官员签了字。

这次实验的结果公布以后，怀疑派终于无话可说了。

加拿大政府对这次实验取得的成绩很满意，特地给马可尼拨出 1.6 万英镑，让他在格莱斯贝建立一个大功率的发射台。

1902 年 12 月的一个夜晚，相隔 3000 多千米的波尔图发射台和格莱斯贝发射台开始尝试通信，这是在英国和加拿大之间的首次洲际无线电通信。

实验结果为：英国接收的从加拿大发出的信号很清晰，加拿大接收的从英国发出的信号要差些。这表明波尔图发射台的发射功率还不够大。于是，马可尼无线电报公司又花费了一笔钱，对波尔图发射台的设备进行改装。改装完成以后，两个发射台之间的正式通信完全成功。第一封从加拿大拍发的正式越洋电报是马可尼发给英国国王和意大利国王的，两位国王收到电报以后都回电表示感谢。

美国对加拿大和英国之间的通信成功十分羡慕，不久，他们就请马可尼在科德角主持修造了一座大功率的发射台。无线电一时成为各国政府的"宠儿"。

1903 年春天，人们开始用无线电从美国向英国《泰晤士报》传送新闻，每天的最新消息当天就可以见报。在事实面前，曾经诋毁过无线电通信实验的人只好认输。

1904 年，英国人弗莱明博士发明了真空二极管，同年 11 月 16 日获得专利。马可尼用真空二极管作为越洋无线电通信的检波器，实验的效果非常好。

至此，无线电接收机的检波器从赫兹使用的最原始的电波环，到布冉利、洛奇和马可尼早期使用的金属屑检波器，以及卢瑟福发明的磁性检波器，再发展到弗莱明的真空二极管检波器，其灵敏度不断提高，对增大通信距离起到了重要作用。

　　这时候，马可尼的事业已经在世界各地全面开花。除了英国、意大利、加拿大和美国以外，德国、比利时、刚果等国家的海岸和要塞也都建造了马可尼式的无线电台，成百艘在大西洋航线上行驶的邮船也纷纷装配了马可尼的无线电通信设备。

　　无线电开始成为全球性的事业。

第七章 | 海洋上的信使
给无线电装上"心脏"

前面提到，弗莱明捷足先登发明了真空二极管，使德福雷斯特非常沮丧。但这位美国的业余发明家没有因此灰心丧气。

他想起了 1893 年芝加哥世界博览会带给他的鼓舞，想起了同马可尼的交谈——不，不能改弦易辙，不能就这样半途而废！

德福雷斯特认识到，科学发明是人类共同的事业，而不仅仅是某个人的事情，谁发明了真空二极管并不重要，重要的是它已经被发明出来了。既然弗莱明首先打开了突破口，而自己也是许许多多探索者中的一个，为什么自己不能跟着冲上去呢？

德福雷斯特找到一位在灯泡厂做技师的朋友，请他帮忙制作了几个真空管。真空管的灯丝是白金丝，灯丝附近安装了一块金属屏（即屏极）。这和弗莱明的真空二极管很像，唯一的区别是在两极之间连接了一个小电容器。其实，这个电容器对检波并没有多大作用，也许德福雷斯特还有其他考虑。他把真空管装在接收机上，代替老式的金属屑检波器试了试，果然很灵敏。

一个发明家，如果只是利用别人的成果，自然就不会有什么大作为。德福雷斯特既有独创的雄心，又有丰富的想象力：弗莱明的二极管同金属屑检波器比起来，确实是前进了一步，但只能用于检波，不能放大，他想试着改进一下。

　　德福雷斯特在他的电子管里安装了第三个电极。这是一片不大的锡箔，位置在灯丝和屏极之间，乍一看没有什么特殊的地方。但是，正是这个不显眼的小电极，改变了世界无线电发展的进程。

　　德福雷斯特惊异地发现，在第三个电极上施加一个不大的电信号，可以改变屏极电流的大小，而且改变的规律同信号一致。他马上意识到，这种情况表明了第三个电极对屏极电流具有控制作用。这个发现非同小可，因为只要屏极电流的变化比信号的变化大，就意味着信号被放大了。而这正是很多发明家追求的目标。

　　德福雷斯特预感这个发现具有惊人的价值，他沉住气，毫不声张地继续实验。为了提高控制部件的灵敏度（控制部件越灵敏，放大作用越强），德福雷斯特多次改变小锡箔在两极之间的位置，他的实验台上摆满了试过的真空管。最后，他发现用金属丝代替小锡箔效果最好，于是他将一根白金丝扭成网状，封装在灯丝和屏极之间，世界上第一个真空三极管就这样诞生了！由于控制极的形状很像网栅，德福雷斯特把它称为"栅极"，后来它被人们叫作"电子管"。它像一个非常灵敏的控制闸，按照信号的变化，有规律地改变着屏极电流的大小。由于屏极电流比栅极电流大得多，因此，微小的电信号经过真空三极管就会被放大很多倍。

真空三极管与真空二极管相比，是一个质的飞跃，它对无线电的发展产生了深远的影响。事实证明，科学发明的成败，并不在于起步的早晚。事在人为，德福雷斯特起步虽然晚于弗莱明，但是他毫不气馁，做出了更大的贡献。

不过，真空三极管获得社会的认可，也经历了一番曲折。德福雷斯特发明真空三极管以后，因为没有资金来做进一步的实验，他就带着自己的发明去找几家大公司，想说服那些老板给他资助。由于他不修边幅，穿着破烂，前两家公司将他拒之门外，门房甚至怀疑他行为不轨。

第三家公司的门房把他当成流浪汉，也不准他进去。德福雷斯特百般解释也无济于事，就掏出新发明来，详细解说这个小物件新奇的结构和巨大的应用前景。门房见到他把一个小玻璃泡吹得神乎其神，不禁心生怀疑，只当他是个骗子，就去报告了经理。

不料公司经理也是个势利小人，他看见德福雷斯特衣着破旧，正举着一个小玻璃泡向围观者宣传，心里早有几分不悦。这时，他听见德福雷斯特大声说："大家不要小看这个玻璃泡，它可以把很小的电磁波信号放大到连听力不好的人都能听见。"经理不听倒罢，一听这话，就断定他是个骗子，于是不容分说叫来几个彪形大汉，把他连推带拉地扭送到警察局。

没过多久，法院开庭审判，这就是 1906 年春天那个富有戏剧性的案子。

开始德福雷斯特被控告"公开行骗"，接着又有人告他"私设电台"。这位青年发明家遭到诬陷，但是并不畏惧。他机智地利用法庭这个公开的讲坛，大力宣传自己的发明。他充满信心地说："历史必将证明，我发明了空中帝国的王冠。"德福雷斯特说的"空中帝国"指的是无线电，而"王冠"正是他的真空三极管。

这场官司反倒使他出了名。最终青年发明家取得了胜利，法院将他无罪释放。1906 年 6 月 26 日，他发明的真空三极管获得美国专利，真空三极管的第三个极被正式称为"栅极"，后人把这一天作为真空三极管的诞生日。当时，德福雷斯特还不满 33 岁。

德福雷斯特首先把真空三极管应用在无线电接收机屏极检波电路上，使通信距离大大增加。不久，真空三极管又被用在电话增音机上，解决了贝尔电话公司当时正在设计的美国长途电话的关键问题。

当然，新生事物一开始总是不完善的。最早的真空三极管在性能上有两个主要缺点：屏极电流不稳和寿命不长。德福雷斯特经过反复研究，发现屏极电流不稳的原因是屏极和栅极都是平板状的，从阴极发射出来的电子有一部分散射到了两侧的玻璃上，使电流不均匀。他把屏极和栅极都改成圆筒状，把阴极围起来，问题就解决了。

后来他把真空三极管寿命不长的原因也弄清楚了，他发现是真空度不够造成的。到 1910 年，德国科学家发明分子泵以后，真空三极管可以被抽成高度真空状，使用寿命延长到上千个小时。从此以后，真空三极管就被大批量生产，广泛应用。

到 1918 年，各种类型的无线电收发报机和电子设备普遍采用了真空三极管。由于真空三极管具有放大功能，很多新型的电子电路出现了，比如电子管振荡器、混频电路、放大器、多谐振荡器和双稳触发器等，最后还改变了早期通信机的制式。

原来简单的直发直收和用检波作为核心的通信方式，在 1912 年以后逐渐被阿姆斯特朗发明的超外差式所取代。超外差式在信号选择和灵敏度上都具有很强的优越性，构成了现代各种通信机的基本制式。在现代接收机中，检波器已经退居次要的地位。

真空三极管使无线电发生了根本的变革，正如一位日本传记作家所说："真空三极管的发明像升起了一颗信号弹，吸引着全世界科学家密切地关注这个方向并投入研究，因此在很短的时间内，电子器件取得了惊人的发展。"从三极管发展到四极管、五极管、七极管和大功率发射管等，形成了一个庞大的电子器件家族。

真空三极管的诞生是电子科学技术史上一件划时代的大事，不仅推动了无线电技术的迅猛发展，还奠定了近代电子工业的基础。正因为真空三极管的出现，在短短的 20 年间，远程无线电通信、无线电话、收音机、广播、电视、雷达和高频加热炉才像雨后春笋那样涌现出来，世界上第一台电子计算机才能够诞生。

人们把真空三极管称为"无线电的心脏"，其实更准确地说，真空三极管是整个电子工业的"心脏"。即使在晶体管和集成电路广泛应用的今天，真空三极管在电子工业中仍旧起着非常重要的作用。

德福雷斯特除了发明真空三极管以外，还为电子技术的发展做了不少工作。他把出售专利获得的资金，一部分花费在涉及发明权的诉讼上，一部分用来成立了一个无线电研究所。他参加了发明再生电路的工作，后来还研究过有声电影，晚年过得比较平静和快乐，直到 1961 年去世，享年 88 岁。

由于瑞典皇家科学院的疏忽，德福雷斯特没有获得诺贝尔奖。但是，作为近代电子工业的领路人，他卓越的贡献是举世公认的，美国人民甚至尊称他为"无线电之父"。

虽然德福雷斯特一生经历了坎坷和曲折，他既没有获得爱迪生那样的辉煌战果，也不像马可尼那样赫赫有名，但是他发明的真空三极管却给诞生不久的无线电事业开辟了无限广阔的前景。正是他给无线电装上了"心脏"，他的功勋将永载史册。

发明权的诉讼

在科学史上，当一项重大的发明刚刚破土而出的时候，总会遇到种种非难和阻力，而它一旦开花结果，接踵而来的很可能就是有关发明权的争论：究竟谁是真正的发明者？

无线电事业展现出了灿烂的前景，无线电的发明权也就成了引发争议的话题：有的人不承认波波夫的工作；有的人对马可尼的贡献提出非议；有的人质疑，是不是应将功劳归于比波波夫和马可尼更早的先行者？

几位无线电事业的先驱，像布冉利、洛奇和卢瑟福等，他们都对发明权抱着谦虚的态度。

波波夫既肯定了自己的工作，又承认马可尼的贡献。同时，他也对马可尼提出了一点批评。

1902 年 7 月，波波夫和马可尼曾经见过面。当时，马可尼随同意大利国王乘巡洋舰"卡洛艾伯图"号访问俄国。俄国各报社发表了欢迎的文章，称赞马可尼在俄美之间第一次建立了无线电通信。在港口，波波夫登上巡洋舰拜访了马可尼。根据当时在场的马可尼的朋友苏拉尼回忆："波波夫登上巡洋舰，握着马可尼的手说：'我对无线电之父表示祝贺！'"苏拉尼把这句话作为依据，证明波波夫承认马可尼是无线电的发明人。

平心而论，波波夫如果真说过这句话，在当时的场合下，也只是一句表示友好和尊重的话。据苏拉尼回忆，波波夫一开始就说他 1895 年进行过几次无线电实验，不过都是记录天空放电的，他没有在马可尼之前进行过电磁波传播信号和拍发无线电报的尝试。然而苏拉尼的这些话没有旁证，最多只能说明波波夫为人谦虚罢了。

但是，俄国政府却没有这样"谦虚"。1908 年，俄国物理化学协会专门成立了一个委员会，对发明无线电报的优先权问题进行调查，实际上是给波波夫的发明权寻找依据。该委员会向很多外国学者发信征求意见，之后就宣布波波夫享有发明无线电报的优先权。这些"爱国"教授们理直气壮地表示，布冉利说过"无线电报实际上是从波波夫开始的"，这分明就是承认波波夫最早发明了无线电报，所以马可尼应该靠边站！

英国的学者们不服气。他们提出了更充足的理由：瓦特没有发明蒸汽机，但是他发明了在冷凝器里冷凝蒸汽，使不经济的纽科门蒸汽机变成了实用的蒸汽机，最后引发了一场工业革命。莫尔斯也不是第一个发明电报机的，但是正因为他发明了莫尔斯电码，电报才成了广泛应用的通信工具。同样，波波夫的无线电表演虽然早于马可尼，但马可尼才是使无线电走出实验室的第一人，也是最先让无线电飞过大西洋、变成真正实用的通信工具的实践者。世界上公认瓦特发明了蒸汽机，公认莫尔斯发明了电报，也就应该公认马可尼发明了无线电！

1905 年 5 月 4 日，在美国关于无线电发明权的一场诉讼中，美国联邦巡回法庭判定马可尼是无线电发明人。宣判的时候，法庭庭长有一段别具一格的判词，后来成为无线电学史上著名的文献。判词如下：

> 1887 年，赫兹对电磁波的空前发现，惊醒了全世界的科学家。因此，有人试图否认马可尼的伟大发明。实际上，直到 1896 年，没有一个人使电磁波得到实用或者取得商业上的成功，而马可尼却是用电磁波成功传送简明易懂的信号的第一人。
>
> 马可尼对于无线电报技术的贡献，可以这样来叙述：麦克斯韦和克鲁克斯提出了用击穿放电产生电振荡的理论，赫兹发现了这个振荡并且说明了它的特性，洛奇和波波夫的发明只局限在讲演和局部实验的装置，或是像雷雨观测这种简单的仪器上。正是马可

尼发现了把这些振荡转变成一定信号的可能，并且利用他自己手中的工具，结合其他实验室已经不用的仪器，进行了一系列的深入实验，经过不断改进，终于完善了他的发明，并成功地应用到商业上。

其他发明者，在电学领域的大海中冒险前行，他们遇到电磁波的浪潮却与之擦肩而过，并没有意识到这种新潮流会改变世界。他们也曾经注意到赫兹振荡的特性，却怀疑它的应用前景，担心在破浪前进中会遇到暗礁、海岬的阻碍，或在沙洲搁浅。而马可尼敢于扬起风帆，到未知的潮流中去探索，他第一个开辟了新的航线。

这个判决是比较符合历史事实的，后来获得了世界上大多数国家的认可。

还有一个重要的事实就是，像无线电这样的人类历史上从未有过的崭新技术，是在科学新发现的基础上萌芽并发展起来的。如果没有麦克斯韦对电磁波的预言，没有赫兹通过实验证实电磁波的存在，就没有无线电技术的诞生。而在赫兹的实验之后，一批又一批探索者投身无线电研究行列，无线电的发明是历史的必然。

如同法国物理学家德布罗意所说："科学家不求实利地研究，工程师、技术人员为着具体目标而努力实践，科学发现和工业发明联合在一起，就像发源地不同的溪流汇成一条大河，最终带来了无线电伟大的成就。"

同时，技术发明并不是孤立的事件，而是一条长河，无线电的诞生汇聚了许多人的聪明才智。他们中的佼佼者，包括布冉利、洛奇、卢瑟福、特斯拉、波波夫、马可尼和布劳恩，以及后来的德福雷斯特等人。可以说，无线电的发明是一个英雄群体前赴后继所创建的丰功伟绩！

马可尼的成功和伟大就在于，他是其中最执着也是最幸运的集大成者。

荣获诺贝尔奖

1909 年 11 月，马可尼和布劳恩因为在无线电领域的功绩，双双荣获该年度的诺贝尔物理学奖。

有意思的是，就在一年前即 1908 年，37 岁的卢瑟福因为提出放射性元素蜕变理论，荣获该年度的诺贝尔化学奖。在颁奖典礼上，卢瑟福诙谐地说："一夜之间我从物理学家变成了化学家！"作为无线电的先驱者之一，卢瑟福没有摘取发明无线电的桂冠，却在原子物理领域做出了巨大贡献。1898 年，他从铀辐射中发现了 α 射线和 β 射线，并于 1902 年提出元素蜕变假说，指出原子并不是最小的微粒，而是可以分割的。这个革命性的理论推翻了物理学的传统观念。顺便提一句，就在马可尼获得诺贝尔物理学奖后的第二年即 1911 年，卢瑟福发现了原子有一个核。这是他一生中最重要的发现，也是原子物理学史上最伟大的发现之一。

1909 年 12 月 10 日，瑞典斯德哥尔摩隆重举行了当年诺贝尔奖的颁奖仪式。瑞典王室成员和政界领导人及其他各界人士共上千人出席。

35 岁的马可尼身着黑色燕尾服上台，从瑞典国王的手里接过了诺贝尔奖证书和奖章。观众席上响起了热烈的掌声。

　　瑞典皇家科学院院长致颁奖辞。首先，他向为无线电开辟道路的3位伟大先驱者表示了敬意：

　　　　今天晚上，当我们向对无线电报发展做出最大贡献的两位科学家颁发诺贝尔奖时，我们首先应当对那些在数学物理和实验物理方面进行了出色研究的已故伟大科学家们表示敬意——他们是法拉第、麦克斯韦和赫兹。法拉第敏锐地觉察到光电现象之间的密切关系；麦克斯韦把他掌握的概念和思想变成数学语言；赫兹用他的经典实验使有关电和光本性的新概念具有了真正的事实基础。1888年，赫兹通过莱顿瓶以振荡形式放电的实验，第一次证明了电磁波的存在以及它在空间内以光速传播。这一发现不仅成为电学科学的基础，同时也成为无线电报的基础。

接着，他高度赞扬了马可尼的贡献：

但是，这仅仅是从电波的传播距离只有数米远的实验室小规模实验迈向远距离传递的伟大的一步。此时此刻需要这样一位人物，他能够掌握这一事业的命运，能克服在实现这一理想的道路上所遇到的一切困难。完成这一伟大任务的使命就落到了马可尼的肩上。尽管以前人们对这一工作也有过设想，并且实现这一事业的时机和必要条件均已具备，但首次实验的荣誉从各方面来说都应归于马可尼。我们理所当然地承认，他不屈不挠的精神使他实现了自己定下的目标，他取得了首次成功。

无线电报一直在发展。1895 年，马可尼用电磁波进行了第一次信号传递实验。1897 年，无线通信的距离只有不到 20 千米。而 14 年后的今天，电波信号可以跨越大洋进行传递，所有的海船都有了自己的无线电报设备，每一支重要的舰队都在使用无线电报系统。

最后，他展望未来，颂扬无线电是那个时代的科学发现中最光辉的一朵奇葩：

> 科学工作者和工程师们为发展无线电报而一刻不停地辛勤劳动着。将来会发展到何种地步，现在我们尚不知道，但从已取得的成就来看，这一发明以最理想的方式使有线通信得到了扩展，它既不受固定线路的约束，也不受空间的限制，我们可以在相距很远的两个地方，跨越大海和荒漠进行联系。这是一项成果壮观的实用的发明，它是我们这个时代最光辉的科学发现中开出的一朵鲜花！

马可尼的演讲论文是《无线电报通信》。

马可尼充满感情地回顾说："早在 1895 年，我在家乡意大利博洛尼亚附近就进行过实验，想知道是否有可能不用导线而用电磁波把电报信号传送到一定的距离外。我用电磁波进行了不多的初步实验后立刻非常坚信，如果电报能够在相当远的距离上可靠地被发送和接收，那将会出现一种新的有效的通信系统。它比闪光信号和其他光学通信方法更具优越性，因为后面这些通信方法的可行性完全取决于大气的透明度……"

在这篇长达 23 页的论文中，马可尼详尽地叙述了自己探索无线电报的历程和取得的重要成就。在论文最后，马可尼展望了无线电最终能够实现人类全球通信的前景。

至于拍发世界上第一份无线电报、毕生为发展无线电事业奋斗的波波夫，由于种种原因，他的事业没有得到国家的充分支持，最后功败垂成。波波夫在 1906 年 1 月 13 日因脑出血突然去世，年仅 47 岁。由于诺贝尔奖只发给在世的科学家，所以波波夫没有获奖。

科学家有自己的国籍，但是科学是没有国界的。马可尼和波波夫，无论他们属于哪个国家，有怎样的个人命运，他们发明无线电的丰功伟业都是造福子孙后代的，都值得被人们永远纪念。

"泰坦尼克"号海难

就在马可尼荣获诺贝尔奖的 10 个月前，即 1909 年 1 月，大西洋上发生了"共和国"号同"佛罗里达"号两艘轮船相撞的事件。

"共和国"号是一艘英国公司的轮船，排水量 15000 吨。1909 年 1 月 22 日，它从纽约驶向英国，船上载有旅客 460 人，船员 300 人，在黎明前的大雾中它与载有 800 人的"佛罗里达"号相撞。幸亏船上有无线电装置，可以及时呼救，所有的旅客和船员才得以脱险。这次海上遇险事件向全世界表明，无线电是在海洋上遇险人员求救的信使。

就在这次撞船事件发生 3 年以后，这家英国轮船公司建造了一艘更大的轮船"泰坦尼克"号。这是当时世界上最大的邮轮，排水量约 46000 吨，总长 260 多米，双层船底，船上装备了最新式的机器，还有豪华的设备，号称永不沉没的"水上之城"和"人类进步的象征"。

1912 年 4 月 10 日，在几千人的欢呼声中，"泰坦尼克"号在英国南安普敦港下水，开始了横渡大西洋的处女航行。

"泰坦尼克"号在当时是无可比拟的奢华，船上配有室内游泳池、健身房、土耳其浴室、图书馆、电梯和壁球室。头等舱的公共休息室由精细的木质镶板装饰，配有高级家具及其他各种高级装饰，许多细节都模仿了凡尔赛宫。当时的英美报刊对这次远航大肆宣扬，英国人都因为"泰坦尼克"号要去远航而感到格外自豪。一些商人也争先用"泰坦尼克"号的图案作为商标。

这艘超级豪华的大邮轮载着包括轮船设计师和公司董事长在内的1300多名旅客和近900名船员，总共2200多人，驶向航程的终点纽约。

4月14日晚上，"泰坦尼克"号在浩瀚的大西洋上全速前进。船舱里不时传出舞会的音乐声和人们的欢声笑语，电报室不停地拍发着旅客的私人电报。

深夜，值守的瞭望员突然发现远处有一座疑似冰山的黑影正以很快的速度变大，他立即向船长通报这一发现。

然而，正在全速前进的"泰坦尼克"号这时已经来不及避开了。很快，一座冰山迎面漂来，邮轮躲避不及，右舷被撞开一条大裂口。根据设计，"泰坦尼克"号有16个密封舱，被认为即使6个密封舱进了水，船也不会沉没。但是裂口将近百米长，海水不断涌进多个密封舱，船注定是要沉没了。

"它不能沉，它不能沉！"史密斯船长对设计师说，他完全不敢相信眼前的现实。

"它不可能不沉，最多只能坚持一个半小时了！"设计师冷静地回答。

"泰坦尼克"号撞上冰山之后不久，船长走进电报机房，表情十分严肃地说："立刻呼救！"

报务员菲利普马上按动电键，发出"CQD MGY"的求救信号。"CQD"是当时通用的遇险信号，"MGY"是"泰坦尼克"号的无线电呼叫代号。但是他们一直没有得到明确回复，附近也没有船只前来救援。

最后在走投无路的情况下，菲利普对另外一个人说："发送'SOS'求救信号，这是一种新的国际通用呼救信号，它可能是我们最后的获救机会。"然后拍下求救电文："SOS！SOS！快来救我们，我们撞上了冰山。方位是北纬40°46′，西经50°14′。SOS！"

很多大西洋上的船只都收到了求救电报。加拿大太平洋公司的"圣殿山"号、卡纳德公司的"卡帕西亚"号和俄国货船"缅甸"号，还有"法兰克福"号、"弗吉尼亚"号、"奥林匹克"号等船只都加速向出事地点赶来。

　　第一个回应的是一艘德国轮船"法兰克福"号，但是它远在"泰坦尼克"号西南方约 252 千米的地方。接着，从纽约开来的"卡帕西亚"号也回复了呼救信号。它离"泰坦尼克"号的出事地点约 148 千米，最快也要 4 小时才能赶到。拍发过冰情警报的"加州人"号此时就停泊在离"泰坦尼克号"大约 18 千米的地方，连船上的灯光都隐约可见，完全来得及赶来营救，可以赶在沉船前到达现场。但是"加州人"号的报务员擅离职守，在"泰坦尼克"号遇险前关掉电报机睡觉去了，所以没有收到呼救信号。

　　"泰坦尼克"号这座"水上之城"在一点一点向下沉没。全船共有 2200 多人，救生艇却只能容纳近 1200 人，逃生机会只好先让给妇女和儿童。在这场悲剧中，船长史密斯十分镇定，船员们也表现出自我牺牲的精神。为了稳定人心，船上的乐队成员一直在甲板上演奏，最后全部罹难。公司董事长溜上了妇女和儿童乘坐的救生艇，事后成为最具争议的生还者。

　　在不断下沉的"泰坦尼克"号上，报务员菲利普一直坚守在收发报机旁，和赶来援救的船只进行联络，但信号变得越来越弱。在最后的时刻，史密斯船长走进电报机房，通知报务员说："应该做的事你都做了，现在，可以离开你的岗位了！"

菲利普还是坚守在岗位上，大约又继续工作了 15 分钟。最后收到他发出的电报的是"奥林匹克"号，电文是："请尽力赶来！立刻来！机房就要淹没了！"发报时间是 4 月 15 日凌晨 2 点。20 分钟以后，"泰坦尼克"号断裂成两半，沉入海底。根据一位幸存者的回忆，在"泰坦尼克"号沉入大西洋时，菲利普仍旧站在甲板上。船长史密斯和设计师安德鲁壮烈殉职，同这艘巨大的邮轮一起沉入海底。

"卡帕西亚"号在凌晨时分赶到现场，只救起 700 余人，另外的 1500 多人全部遇难。

"泰坦尼克"号失事的惨剧震惊了全世界。整个事件表明，无线电在航海事业中具有不可估量的作用。

"泰坦尼克"号是世界上第一艘发出"SOS"电码的船只，它及时发出呼救信号，使 700 多人幸免于难；相反，也由于"加州人"号没有收到"泰坦尼克"号的呼救电文，1500 多人不幸葬身海底！可以说，全船人的安危都维系在无线电上。英国《泰晤士报》事后发表评论："我们感谢马可尼发明的无线电装置，它使'泰坦尼克'号能够最快发出出事的消息和呼救信号。而在这以前，有很多豪华的船只没有发出任何遇难的信号就不幸沉没了。"

在"泰坦尼克"号失事的调查中,马可尼被请到法庭上作证。他回答了一些技术问题,并且首次提出安装自动报警装置的建议。根据马可尼的设想,可以在轮船上安装一种自动呼救装置和自动报警接收机。当轮船遇险的时候,只要打开自动呼救装置,就可以自动发出信号和报告船的方位。接收机一旦收到其他船只的特殊呼救信号,就自动响铃报警,通知船长。为了能够启动电铃,马可尼提出需要在发出呼救信号以前,先发出 15 秒或者 30 秒的持续脉冲。由于这个建议牵涉到当时国际公约的规定,所以没有被采纳。马可尼的设想直到几十年后才实现。

万幸的是,马可尼本人与这次海难擦肩而过。

马可尼本来有一张这家公司赠送的船票,但在"泰坦尼克"号起航的 3 天前,马可尼先登上了另一艘英国轮船"卢西塔尼亚"号。据说是因为他的速记员在那艘船上,而他当时有一篇学术论文需要完成,他因此登上"卢西塔尼亚"号从而逃过一劫。但后来也有人声称,如果马可尼带着自己的无线电设备登船,说不定可以拯救更多人的生命。更巧的是,1915 年,"卢西塔尼亚"号被德国潜艇击沉,而又在那艘船上的马可尼恰好在那之前下了船。

在 1912 年发生的"泰坦尼克"号海难是和平时期最惨重的海难之一，同时也是最广为人知的海上事故之一。"泰坦尼克"号的惨剧后来被多次搬上银幕。1958 年，英国以此为题材拍摄了灾难故事片《冰海沉船》。约 40 年后，好莱坞翻拍了这部黑白电影，由卡梅隆执导，片名为《泰坦尼克号》，影片凭借恢宏的视觉特技效果和浪漫的爱情故事风靡全球。

为了避免此类悲剧的重演，1914 年制定的第一部《国际海上人命安全公约》规定，凡 5000 吨以上的轮船必须安装无线电收发报机，且 24 小时都必须有人值班。另外，公约还提议成立冰山监测国际巡逻船队，为海上航行的船只保驾护航。

海上实验室

在以后的日子里，马可尼继续为无线电通信事业奋斗。

1914 年，马可尼被任命为意大利军队的中尉，后提升为上尉，这圆了他少年时代的海军军官梦。1916 年，他调任海军司令部的中校。1917 年，他成为意大利政府赴美使团的成员之一。1919 年，马可尼担任巴黎和会的意大利特命全权代表，并被意大利政府授予军功勋章，以表彰他在军队中的贡献。

在意大利军队服役时，他对早先在实验中使用过的短波重新进行了研究。

1918 年 9 月，马可尼采用等幅波发射，在英国和澳大利亚之间传递了第一份无线电报。从 1916 年到 1922 年，他还开拓了短波通信的研究。

1920 年，马可尼购买了一艘游艇，为其取名"埃莱特拉"号，意译为"电波号"。这艘 1904 年制造的游艇用蒸汽机驱动，性能很好，英国海军大将曾在第一次世界大战中使用过它。马可尼把它改装成一座别致的浮动实验室，游艇里除了书房、卧室、洗澡间外，最引人注目的是无线电舱，那里安装了实验仪器和各种长短波无线电收发报机，专供通信实验用。

　　马可尼在这艘游艇上进行了很多重要的通信实验,包括证实短波可以进行远距离通信的实验。他曾经对朋友说:"我生来就注定要当水手,我热爱大海,不但因为它把我在陆地上的烦恼中带走,而且我在海上可以随心所欲地思索、研究和实验。"

　　1923 年,马可尼乘着"埃莱特拉"号在大西洋和地中海上巡航,与波尔图电台进行了一系列的实验。这些实验为后来建立远距离定向通信系统打下了基础。英国政府采纳了用这种系统作为英联邦之间通信手段的方案。

　　就在这一年秋天,不列颠学会的年度例会在利物浦举行,卢瑟福任该年度例会的主席。他在那次后来传播甚广的主席致辞中说:"不列颠学会上次在利物浦开会是 1896 年,那时年轻的马可尼证明了可以在短距离内传送无线电信号。而到了1923 年的今天,全英国都能收到无线电广播了,这说明科学的飞速发展改变了世界的面貌。"

　　马可尼的不懈努力使卢瑟福早年的无线电梦想变成了现实。为了向卢瑟福早年对无线电的研究致敬,英国电台破天荒地现场直播了这次演讲。这是英国公众第一次收听一位科学家的广播讲话,在当时引起了不小的轰动。

　　1926 年,马可尼建成第一座定向无线电台,实现了英国和加拿大间的通信，第二年又增设了其他电台。

马可尼乘着"埃莱特拉"号游艇在大西洋中转播伦敦的节目，并且同世界各地的陆上电台联系。到船上来参观的官员可以直接同岸上官邸的亲人通话。有几次，他因为生病或者其他原因，暂时离开了"埃莱特拉"号，却总是念念不忘要回到船上去。他说："我是多么希望再回到'埃莱特拉'号上去啊！我航海的时间不算短了，但是一离开我的游艇就感到不愉快，没有什么能够比得上大海的魅力和海上的自由。"

1930年3月26日，马可尼在"埃莱特拉"号上进行了一次精彩的表演，那天正好赶上澳大利亚电气和无线电展览会开幕。马可尼在15000千米外的地中海的游艇上，用无线电话机同展览会的人员通了话，然后按下电键发出电波信号，电波信号经过一个中途站接收，再转发到澳大利亚，最后点亮了大厅里的3000多盏电灯。这件事轰动了全世界，使展览会大为增色，在当时传为佳话。

1930年的另一天，卢瑟福在伦敦发表科学演讲时又创下无线电史上的一个奇迹：他用电波把自己的声音传到了大西洋彼岸他从前工作过的地方——加拿大麦吉尔大学，有数千名听众完整地收听到了他的演说，现场气氛热烈。这与马可尼点亮澳大利电气和无线电展览会 3000 多盏电灯的壮举相呼应。

演说开始时，卢瑟福以他惯有的幽默说道："没想到我承担了一项艰巨的任务，要在 4828 千米以外的地方让听众听到我讲话的声音。我别无选择，只好求助于我沙哑的大嗓门儿了！"

卢瑟福的老朋友伊夫博士代表加拿大皇家学会致辞。这实际是一次别开生面的现场直播。伊夫博士说："听到卢瑟福爵士的声音，真让人高兴不已！遥远的距离突然变得这么近了。我们不仅希望听见你的声音，而且期待着在 10 年之内，能在屏幕上看见你本人……"

伊夫博士这番热情洋溢的话，实际上是对电视广播的预测。美国人贝尔德在此前已经发明了机械扫描电视，当时英国广播公司刚开始试播，不过这种电视的图像模糊不清。

马可尼的发明故事充满着传奇色彩。他的婚姻与家庭生活，与其海上实验生涯有着密切的关系。

1905 年，31 岁的马可尼与比阿特丽斯·奥布莱恩结婚，他们共育有 3 个子女。但马可尼痴迷于自己的实验，以"埃莱特拉"号游艇为家，常年在海上进行无线电实验。对于"浪迹天涯"的发明家丈夫，比阿特丽斯终于忍无可忍，提出离婚。1927 年 6 月 15 日，教廷最高法院解除了他们的婚姻关系。马可尼付给比阿特丽斯一笔丰厚的赡养费。

随后，53 岁的马可尼娶 27 岁的克里斯蒂娜·贝齐·斯卡利为妻。马可尼的第二次婚姻很美满。斯卡利出身名门，对马可尼体贴入微，尤其理解马可尼的事业和他对无线电及大海的热爱。马可尼这时正处于事业的巅峰时期，除了无线电报通信，他还研究了短波和超短波的特性，于 1932 年进行了当时最高频率 60 兆赫的无线电传声实验。马可尼同时还是卫星通信、电视和雷达研究的先驱者。婚后，斯卡利与马可尼形影不离，游历了全球各大洲。

1930 年 7 月，斯卡利为马可尼诞下女儿。女儿的出生给马可尼带来莫大的欢乐，马可尼给她取名为埃莱特拉·马可尼，把她视若掌上明珠。

埃莱特拉对父亲充满了爱戴之情。她后来在马可尼逝世百年纪念时回忆说："很小的时候，我就知道自己是古列尔莫·马可尼的女儿。妈妈培养了我对父亲的敬爱之情，同时还让我遵守一项规定，那就是在父亲工作时不要去打扰他，因为他在干大事业。另一方面，他确实是一位和蔼可亲的父亲，他一闲下来就逗我玩，和我一起做游戏。他的游戏里夹杂着严肃的话题，例如对真理的崇尚。他总是讲科学家要追求真理，无论别人如何看都不能退缩。"

埃莱特拉还谈到马可尼的性格。她说:"他的内心世界十分丰富,热爱音乐和艺术,感情也很强烈。周围总有一些阿谀奉承的人向他提出许多要求,但他总是我行我素,不为所动,所以他冷漠、孤僻以及不近人情的名声便不胫而走。其实,他对年轻人有求必应,畅所欲言,并认真听取他们的心声。"

1934 年 4 月 25 日是马可尼 60 岁的生日,从世界各地发来的贺电像雪花一样飞进他的办公室。这些贺电,大多是用他奉献了毕生精力的无线电报拍发的。为了纪念他的伟大贡献,国际海上无线电委员会 50 个国家的代表,一致同意把 4 月 25 日命名为"世界海上无线电服务马可尼日"。

马可尼成功的秘诀

马可尼喜欢大海，他像开尔文勋爵一样，后半生的科学研究活动都是在海上进行的。他常常对人讲起少年时代的趣事。他8岁那年，经常和哥哥一起划着小船到海上去玩，有几次险些掉进海里淹死。正因为这样，当他看到自己的发明给航海人员带来福音的时候，心里格外高兴。他对朋友说过好多次："我的发明能够营救海上众多的生命，这是我一生中最有成就感的事！"

无线电事业上的巨大成功，使马可尼获得了很多的荣誉。

他除了获得诺贝尔物理学奖外，还获得了英国皇家艺术协会的阿尔伯特奖章、英国皇家维多利亚十字勋章、美国的富兰克林奖章、俄国沙皇授予的圣安娜勋章和意大利国王大十字勋章。意大利国王任命他为荣誉海军中校，后又授予他海军准将头衔。1903年，马可尼获得了罗马城的"荣誉市民"称号，1905年他被封为萨瓦城的文官爵位。

此外，马可尼还有许多其他的荣誉称号，如1914年被封为意大利元老院的议员，1929年获得了侯爵的世袭头衔。同时，他还有议员、元老、院长和会长这样一些头衔。但是，马可尼不爱出风头，他为人谦虚稳重，人人都知道他是无线电发明家，他却认为自己只是个普通的业余爱好者。

马可尼不喜欢长篇演说，也不健谈，即使在公司的年会上他也很少主持会议，而在熟悉的朋友面前却常常表现出孩子般的赤诚。他工作井井有条，准确无误，具有法拉第式的风格。他有3个特点，一是敢想，二是想到了就做，三是善于吸取别人成功的经验，这就是他一生事业成功的秘诀。他在功成名就以后，同样重视学习别人的长处。他每天早晨都要阅读电子技术刊物，每次发现别人有什么新的见解或设想，就会产生浓厚的兴趣。

马可尼就是这样一种人：他并没有超人的智慧，却善于吸取别人的长处；他没有单独创造什么，却能够把很多天才的创造结合起来，变成无价之宝。他不是无线电的拓荒人，但他是集大成者，在研究无线电的众人中第一个登上了高峰，成为杰出的无线电发明家。

▎访问中国

马可尼生前对中国怀有友好的感情。1933 年 12 月，马可尼携夫人访问中国。这次访问给马可尼留下了深刻的印象。他曾经对人说，在津浦铁路的列车上经历了那样长的旅途后，再翻开地图把中国同意大利相比，不禁深深感叹中国的辽阔。

当时，马可尼与夫人斯卡利从日本到北京，再从北京到南京，然后又在意大利驻华公使的陪同下到了上海。据资料记载，马可尼这次访问上海盛况空前，给他留下了珍贵且难忘的回忆。

马可尼一行于 12 月 7 日抵达上海，受到国立交通大学（现为上海交通大学）、上海各大学联合会、中国无线电研究社、上海工程师学会和中华学艺社等十几个团体的热烈欢迎。

车站里，中外各界人士齐聚一堂。除意大利总领事尼龙及领事馆秘书等人外，还有学术团体代表方子卫和曹仲渊、国立交通大学校长黎照寰、马可尼无线电公司驻沪经理、意侨代表及各报社记者共 20 余人。上海的多家报纸争相报道了马可尼来沪的消息，由此刮起了一阵"无线电旋风"。

媒体笔下的马可尼，"年届花甲，然精神矍铄，步履甚健，身御玄色厚呢大衣，身体魁梧"，而其夫人则"面罩黑纱，头戴乌绒帽，身着黑色大衣，面目端庄，笑容可掬，与欢迎者谈话时，更觉和蔼可亲"。《申报》还推出了"欢迎马可尼"专号，刊登了《世界的发明家、无线电界的伟人马可尼》等系列文章，同时配发了一组马可尼的照片。

12月8日下午，马可尼同中外各界代表在国立交通大学的容闳堂举行了盛大的茶话会。蔡元培担任会议主席，到会的有各学术团体代表、市府官员和媒体记者100多人。当马可尼夫妇和意大利公使及随行人员乘坐的汽车驶进国立交通大学校门时，近千名学生夹道欢迎，高声呼喊。蔡元培和黎照寰等人迎上前去，将马可尼夫妇引入容闳堂内。容闳堂门口高悬着上海各学术团体欢迎马可尼夫妇的标语，会场内，马可尼和出席会议的各界代表围坐在一起，亲切叙谈，宾主尽欢。

黎照寰以东道主身份率先致辞，他称赞无线电的发明，说其重要性不亚于发现美洲"新大陆"，为"影响于现代世界变迁之最大者"。他还提到了国立交通大学为中国首先教授电报理论与实用的大学，在电气工程学的教学与研究上久为著名学府之一。最后黎照寰介绍说，有交大同学提议在工程馆前修建一座"马可尼纪念柱"，其形态寓意马可尼发明的天线及发射器，茶话会后请马可尼"亲行植基礼"，并以此纪念当日马可

尼莅校的盛况。马可尼听后，微笑应允。

接着，由茶话会主席蔡元培致欢迎辞。蔡元培以"第一是引起愉快的心情，第二是引起我们奋勉的志气"为主题致辞，表达了对马可尼诚挚的欢迎。他还勉励在场的青年学子发奋图强，报效国家。蔡元培致辞时，由黎照寰即席翻译成英语，传达给马可尼等意大利来宾。马可尼起立，用流利的英语致答谢辞。他首先感谢中国朋友们的接待，对中国辽阔的国土和优美的景色赞叹不已，并表示由于此次访华时间较短，不能进行无线电专题演讲，希望有机会再来中国。

茶话会后，马可尼应邀在国立交通大学科学馆前，亲手将铜质天线柱"马可尼纪念柱"放进预先掘好的坑里，然后亲手挥锹铲土，为即将兴建的无线电台奠基。此纪念柱高约7米，形状如马可尼于1895年设计的柱状垂直天线的铜柱。纪念柱的基石上镌刻着"无线铜柱"4个大字，旁边有一行小字："无线电发明家意大利人马可尼。"

中国科学院资深院士、上海交通大学退休老教授张煦亲历了这感人的一幕，当时他刚满20岁，正就读于国立交通大学。2006年，93岁高龄的张煦院士在接受记者采访时，回忆起当时的情景仍然激动不已："在我们研究通信工程的人眼里，马可尼的地位是至高无上的，所以当我读书时能亲眼见到他，他就站在离我很近的地方，我激动啊！"马可尼纪念柱迄今保存完好，成为上海交通大学的一处胜迹，但其中蕴含的故事，或许大多数学生并不知晓。

马可尼在上海短短几天，各方人士盛情款待。在 12 月 11 日晚上的饯行宴会上，马可尼发表了无线电专题演讲。他表示对无线电技术在中国的前景十分看好，因为中国"地大民众，无线电最有用处"，而且"中国工程师之聪明才智，无人能与之比拟，鄙人深为钦仰"，也由此可见，中国"来日科学发展，正无限量"。

人类进入一个新时代

1937 年 7 月 20 日，马可尼病逝于意大利首都罗马。

全世界都哀悼这位无线电巨人的离世。意大利为马可尼举行国葬，罗马有上万人参加送葬仪式。英国本土所有邮局的无线电报和无线电话都停用两分钟，大不列颠广播协会所属的广播电台也停用两分钟，表达对马可尼的崇敬和悼念之情。

马可尼的一生，在世界无线电发展史中留下了最浓墨重彩的一笔。

他 22 岁到英国的时候，无线电事业还处在摇篮时代；当他满载荣誉离开人间的时候，无线电已经成为遍布全球的一项伟大事业。一家著名杂志在他逝世时评论："多少人只是满足于证明无线电实用的可能，他却让无线电真正用于实际了。这确实是伟大的！"

著名的意大利诗人丹农齐奥为马可尼撰写了这样的墓志铭："他的发明开创了人类生活的一个新时代。"

的确，无线电的发明改变了人类的历史。

如今，无线电技术不仅成为世界性的通信方式，还广泛应用在广播、电视、人造卫星、宇宙飞船、航海、航天、导航、遥测和遥控等领域。人类正进入信息时代，永不消失的电波遍布全世界的每一个角落，拉近了人们的距离。拿着手机，你可以随时随地与世界任何一个角落的人交流。我们的生活变得更便捷、时尚，也更加丰富多彩。如果没有无线电，世界将会黯然失色。

斯人已远，光亮长存。让我们循着马可尼这位伟大的发明家开辟的无线电道路，继续前行。